ちくま学芸文庫

日本陸軍と中国

「支那通」にみる夢と蹉跌

戸部良一

筑摩書房

目次

日本陸軍と中国——「支那通」にみる夢と蹉跌

1928年の中国東部行政図　出所：ジェローム・チェン『軍紳政権』（岩波書店1984年）

序章——陸軍支那通とは何か

中国侵略の尖兵？

旧日本陸軍に佐々木到一《ささきとういち》という軍人がいる。一般にあまりよく知られてはいないが、いわゆる「支那通」つまり中国スペシャリストとして、日中関係の節目節目に登場してくる人物である。彼は、孫文《そんぶん》はじめ中国国民党要人と親交を結び、第二次北伐に際しては国民革命軍に従軍もした。ところが、支那事変（日中戦争）では南京《ナンキン》攻略戦に参加し、いわゆる南京「虐殺」の当事者となってしまう。

陸軍「支那通」といえば、今日では、中国侵略の尖兵であったとしてきびしく指弾されるのが普通である。泥沼のような中国との戦争に日本を追い込んだのは彼らの責任だと批判される。軍人の間にすら、満洲事変に始まる日本の中国侵略が敗戦につながったのだとすれば、「支那通」が国を滅ぼしたと言っても過言ではない、という見解がある。事実、東京裁判（極東国際軍事裁判）でA級戦犯として絞首刑となった七人のうち陸軍軍人は六人、そのうち「支那通」と言われた陸軍軍人は三人（土肥原賢二《どひはらけんじ》、板垣征四郎《いたがきせいしろう》、松井石根《まついいわね》）

佐々木到一（佐々木到一『ある軍人の自伝』）

を数える。
　こうした文脈からすれば、中国国民党と親交のあった佐々木到一が南京「虐殺」の当事者となっても、何ら不思議には見えない。むしろ、以前の国民党との親交こそポーズか偽装のように考えられてしまう。支那事変での行為は、本性が現れただけだと片づけられる。

アイロニー

　だが、はたして本当に、それだけなのだろうか。実は、あとでくわしく紹介するように、佐々木が早くから中国国民党の将来性に着目し、中国ナショナリズムの擡頭《たいとう》を積極的に評価したことは、まぎれもない事実であった。ポーズや偽装ではなかったのである。佐々木ほどではないにしても、彼と同世代の「支那通」には、中国ナショナリズムを肯定的にとらえる者が少なくなかった。

　陸軍「支那通」は、半植民地的境遇から脱却して独立を完成させようとする中国のナシヨナリズムを理解せず、ゆがんだ情報と分析で日本の政策を誤った方向に導いた元凶であると非難されるが、実際には、中国ナショナリズムのうねりを的確にキャッチした陸軍「支那通」もあったのである。佐々木到一はその典型であった。また、中国ナショナリズムの理解はややあやしかったにせよ、佐々木以前の陸軍「支那通」たちがそれに敵対していたわけではない。彼らの多くは辛亥《しんがい》革命に共感を寄せ、目覚めた中国と提携して西洋に対抗することを夢見た。

ところが、日中提携を目指しながら、陸軍「支那通」の行為は、結果から見ると、やはり大陸侵略のお先棒をかついだような格好になってしまう。最も早く、かつ最も強く国民党に共感を寄せた佐々木到一は、のちに最も反国民党的となってしまうのである。

なぜ、こんなことになってしまったのだろうか。これから本書が試みようとするのは、この疑問の解明である。

日本きっての中国スペシャリスト

まず、二点ほど単純な事実を確認しておこう。第一に、戦前の日本で中国に関する情報を最も広くかつ組織的に収集し、その情報の質と量の面で圧倒的優位を誇っていたのは、ほかならぬ陸軍であった。外交の一元化を主張し対中関係に軍が関与することを嫌った外務省でさえ、情報収集に関しては陸軍にかなわなかった。中国情報については外務省を圧

陸軍支那通の集まり。前列左より本庄繁、坂西利八郎、佐藤安之助、松井石根。
後列同、斎藤恒、岡村寧次、一人おいて土肥原賢二
（林政春『陸軍大将本庄繁』）

倒しているという自信が、しばしば陸軍を二重外交と呼ばれる外交介入に走らせたのでもあった。

第二に、陸軍「支那通」とは、そうした中国情報の収集・分析を直接担当した軍人たちである。彼らは陸軍という巨大な組織のなかで中国スペシャリストとして養成され、現地に駐在して情報収集に従事し、帰国してからは軍の中枢機関で中国情報の分析にあたった。つまり、彼らは長期の現地駐在により体験に裏づけられた中国観を持ち、実務としてもその職歴の大部分を中国情報の収集と分析についやした専門家であった。

以上の二点から考えると、陸軍「支那通」は、中国に関して最も豊富な体

験と情報を有する人々であったはずである。もし中国の動向に関する彼らの判断が誤っていたとすれば、それは、無知であるがゆえの誤りとは考えられない。彼らは、中国事情に最もよく通じていながら、判断を誤り、誤った判断に基づいて行動してしまったのである。あるいは、事情に通じていたがゆえに、判断に狂いが生じたのかもしれない。

本書は、主観的には日中提携を目指しながら、結果としてはそれに反する行為を重ねてしまった陸軍「支那通」の行動の軌跡をたどり、なぜ動機と結果との間にあれほどの差が生じてしまったのかを考察する。その考察の過程では、軍事組織のなかでの地域情報スペシャリストの宿命、あるいは悲哀のようなものにも言及することになろう。

中国との関わりを見つめ直す

「支那通」軍人の行動を考察する際には、そもそも彼らがどのような中国イメージを持ち、どんな情報を集め、そこからいかなる分析を導き出したのか、どうすれば望ましい日中関係を築くことができると考えたのか、といったことを明らかにしなければならない。陸軍「支那通」も、特殊なスペシャリストとはいえ、日本人を構成する一部であったから、彼らの中国観や中国の現状に関する見方を明らかにすれば、日本人全体の重層的な中国観の一部が解明されることになろう。

本書が目指しているのは、陸軍「支那通」と呼ばれた軍人たちの言動を通して、近代日本が中国にどのように関わろうとしてきたのかを、見つめ直すことでもある。彼らの目を通すことによって、当時の日中関係の実相を、これまでとは異なる視角から理解することができるだろう。たとえば、佐々木到一のように中国ナショナリズムの擡頭を的確にキャッチした「支那通」軍人は、やがてその激しさと特異さに衝撃を受け、日中両国のナショナリズムの相剋《そうこく》・葛藤に苦悩し苦闘するようになる。彼らの苦闘を通して、当時の日中ナショナリズムの相剋がどのような性質のものであったのかを理解することもできるだろう。

「支那」という呼称について

本書では、このあとの本論の部分でも「支那」という文言を多用する。これについて前もって若干のことわり書きをここに記しておくべきだろう。

一般に、「支那」という表記は中国を侮蔑した用語だと見なされている。中国人も侮蔑的表現であるとして、それを使わぬよう日本人に要請する。中国の研究書を見ると、日本軍の参謀本部「支那課」は「中国課」と記されている。防衛研修所戦史室(のち防衛研究所戦史部)が編纂《へんさん》したいわゆる戦史叢書が引用される場合も、たとえば『支那事変陸軍作戦』は『中国事変陸軍作戦』と表記される。それほど、「支那」という用語は忌避《きひ》されているのである。日本でも、こうした中国側の態度に配慮し、「支那」という文言の使用は避けるのが常識的となっているように見える。

しかし、実は「支那」という言葉は本来、侮蔑的でも差別的でもなかったのである。以下、この問題に関する佐藤三郎氏とジョシュア・フォーゲル氏の論考を紹介することにより、「支那」という用語の変遷をたどってみることにしよう。

「支那」という表現を最初に使ったのは、仏教修行のためにインドに行き、そこから帰国した中国僧だという。おそらく語源は英語のチャイナと同様で、「秦」が中国を表わす国名としてインドに伝わり、その音が今度は中国僧によって漢訳され「支那」と表記されたのだろう。その後、仏教関係の文献に見られた「支那」という用語はほとんど使われなくなるが、十八世紀後半あたりから日本の蘭学者たちが再びこの言葉を使い始める。彼らは西洋の地図を見て、そこには中国を示す国名もしくは地域名が使われているのに、自分たちが「唐（から・もろこし）」「清《しん》」といった王朝名でしか中国を呼んでいないことに気づき、地理的用語あるいは国名として「支那」という言葉を使い出したのである。そして幕末期を経て明治に入り、これが一般にも広まってゆくことになる。

侮蔑への転換

興味深いのは、明治初期に中国人自身が自国を「支那」と呼んでいる例があるということだろう。それは、自らを「中華」と呼ぶ尊大さを捨てなければ近代化はむずかしいと感じた一部の中国人が、日本で使われている「支那」という表現を、中華意識を捨てるためには恰好《かっこう》の表現と見て借用したものであった。ところが、皮肉なことに、そのあたりから「支那」という文言は侮蔑・軽蔑のニュアンスを帯びてきてしまう。そしてそこには日本人の中国に対する見方の転換がからんでいた。

そもそも中国は日本人にとって畏敬《いけい》の対象であった。漢字や仏教の伝来に代表されるように、有史以来中国はまさに中華の国として日本にとって文明の源泉であり、モデル国家であった。しかし、一八四〇年代のアヘン戦争で中国が西洋に敗北したことに衝撃を受けた日本人は、もはや中国をモデルとは見なくなる。日本はそのモデルを中国から西洋に切り換えるのである。そして中国は、西洋の圧迫にあえぎながら自力でそれに抗することもできず、また尊大さのあまり近代化に目を向けようともしない、図体ばかり大きな遅れた老大国と見られるようになる。日清戦争（一八九四〜九五年）はこの中国イメージを決定的にしてしまう。「チャンコロ」や「チャンチャン坊主」といった言葉がそれをよく表わしているだろう。「支那」という呼称に侮蔑の意味が込められてゆくのはこのためである。もちろん中国人自身が自らを「支那」と呼ぶこともなくなってしまった。

要するに、もともと「支那」という表現には侮蔑の意味はなかった。しかし、日本人が中国を軽蔑の眼で見るようになったとき、「支那」という呼称にも軽蔑の意味が含まれるようになったのである。したがって「支那」という言葉に本来侮蔑の意味はないのだから、これを使ってはならないと強《し》いるのはやや度を越した主張と言うべきであろう。けれども他方、中国が「支那」と呼ばれることを嫌っていることも事実であり、「支那」という呼称に強い侮蔑のニュアンスが込められた時期が歴史上存在したことも否定できない。

そこで本書では中国を「支那」と呼ぶことは避けたいと思う。ただし、戦前、「支那」という用語を用いて表現した事象、事件、組織、団体等がある場合は、そのままその表現を用いることにする。たとえば、支那事変、北支工作、支那課などがその例である。こうした表現・呼称には、当時の日本人の中国観が色濃く映し出されており、これを中国と置き換えたのでは、それこその言葉の持つ独特のニュアンスが伝わらなくなってしまうだろう。

「支那通」も同じである。「支那通」は、やはりどこか「中国通」とは違う。彼らも自らを「中国通」とは呼ばなかっただろう。本書も彼らを「支那通」と呼ぶことを、ここであらためて確認しておこう。そして、他の用語と平仄《ひょうそく》を合わせ、煩雑さを避けるためにも、以下では原則としてカギカッコも取ってしまうことにする。われわれがこれから考察の対象とするのは、良きにつけ悪しきにつけ日中関係に様々の足跡を残した陸軍支那通の軍人たちである。

支那通とは

ところで陸軍支那通とは、いったいどのような軍人を指すのか。この問題は一見単純のようで、案外やっかいである。字義どおりに考えれば、支那通とはまさに中国問題の専門家、中国スペシャリストということになるのだが、この専門家やスペシャリストなるものに客観的基準はないからである。陸軍の組織のなかにも、支那通という特定の職種があったわけではない。したがって、支那通とは中国事情のエキスパートと自他ともに認めた軍人、とでも大雑把《おおざっぱ》に言う以外にないようにも思える。

しかし、そうした大雑把なくくり方では、あまりにも曖昧である。陸軍のなかで、中国に関心を持ったり、中国について研究したり、また従軍を含む勤務の関係で中国との関わりを持った軍人は厖大《ぼうだい》な数にのぼる。彼らの中国に関する知識が該博《がいはく》だからといって、あるいは中国体験が豊富だからといって、それだけで彼らすべてを支那通と呼ぶわけにはゆかない。

支那通軍人の範囲を限定するうえで、基準となり得るのは、彼らが就任したポストである。つまり、中国情報の収集と分析に従事し、陸軍の中国政策に直接影響をおよぼし得《う》るポストを歴任した軍人を、取りあえずは支那通と考えよう。むろん、これでもまだ曖昧さはまぬかれがたいが、だいぶ範囲は限定されることになる。

参謀本部支那課

では、支那通はどのようなポストに就《つ》いたのだろうか。まず、本国の陸軍中央で中国情報をあつかう部署を考えてみよう。陸軍が初めて組織的な中国情報収集への動きを見せたのは、征韓論《せいかんろん》や征台論《せいたいろん》が声高に唱えられた頃である。それと前後して一八七四（明治七）年に陸軍省の外局として参謀局が設けられ、同局にはアジア諸地域の軍事情勢を調査する第二課が設置された。一八七八年、参謀本部が陸軍省から分離独立して統帥権《とうすいけん》独立の制度化がなされたときには、管東局と管西局とが設けられたが、両局とも作戦機能と情報機能とをあわせ持ち、管東局の担当地域には樺太や満洲が、管西局のそれには朝鮮や清国が含まれた。

その後、何度か参謀本部の組織改革がなされ、一時的に作戦と情報の機能分離がなされたかに見えたが、一八九九年にあらためて機能分離は廃止され、参謀本部第一部がロシア、朝鮮、満洲に関する作戦と情報を担当し、同第二部が台湾と清国に関する作戦と情報を担当することになった。この体制で日露戦争を戦ったのである。

参謀本部で情報部門がようやく独立するのは日露戦争後の一九〇八年である。第一部が作戦を、第二部が情報を担当することになった。第二部で担当地域別の課編成がなされるのが第一次世界大戦中の一九一六（大正五）年である。このとき参謀本部第二部は中国情報を担当する課（通称支那課）とそれ以外の地域の情報をあつかう課とに区分された。中国情報が他の地域の情報から言わば分離独立したわけであり、それだけ中国情報が重視されるようになったと言えよう。

支那課には動的情報をあつかう支那班と、静的情報をあつかう兵要地誌班とが置かれた。課員は課長(大佐もしくは中佐)以下、一〇名を少し上回る程度であったと見られる。支那課長および支那班長は中国情報の分析を統括し、それを通して陸軍の中国政策にも直接影響をおよぼした(巻末の表5・6を参照)。また、若手の支那通は出先の現地勤務と本国の支那課勤務を繰り返して、スペシャリストとしての実地の教育を受け経験を積むことになる。

公使館付武官

出先では、まず中国公使館(一九三五年以降は大使館)付武官《ぶかん》および同補佐官《ほさかん》(正確には輔佐官)が、支那通が就くべきポストと考えられる(巻末の表7・8を参照)。彼らは参謀総長の指揮下にありながら、身分上は公使館員に準じて外交特権が認められ、公使の監督を受けることが原則であった。公使館付武官の建前上の任務は日本陸軍を代表することであったが、本務は軍事情報の収集にあるとされ、そのためもあって参謀総長の指揮下に置かれたのである。実際、彼らは多くの場合独自に情報を収集し、その情報を公使には通知せず独自の通信ルートで参謀本部に送った。公使館付武官はまた、中国政府および軍の要人と独自に接触し、それが日中関係に直接影響をおよぼすことも少なくなかった。

初めて中国に公使館付武官が置かれたのは一八七五(明治八)年だが、このポストには必ずしも支那通だけが就いたわけではない。初期の頃は支那通自体がまだ養成されていなかった。その後も中国以外での大公使館付武官ないし同補佐官の経験（つまり準外交官としての経験と語学能力）が買われたケースがあったようである。補佐官はほとんど支那通であった。

なお、公使館付武官を補佐するという意味での補佐官はかなり早くからあったようだが、それがいわゆる定員上の正式のポストとなるのは一九一六（大正五）年以降である。その後中国が国民党によって統一され首都が北京《ペキン》から南京《ナンキン》に移ったことにともない、一九三〇年公使館付武官は上海《シャンハイ》に移駐し、武官府も上海に設けられた。北京の武官室には補佐官が勤務し、北京（北平《ペイピン》）駐在武官として機能した。それに代わって補佐官としての役割を果たしたのが上海駐在武官である。

駐在武官と特務機関

公使館付武官に次いで重要なのは、中国の主要都市に置かれた「駐在武官」なるポストである（巻末の表9・10・11を参照）。上海武官もその一つである。稲葉正夫氏によれば、辛亥革命勃発時に参謀本部が支那通軍人を動員したときの派遣先が、この駐在武官配置の基礎になったと指摘されている。ただし、一部については、それ以前から駐在武官としての慣行が成立していたようである。

駐在武官は身分上、参謀本部付とされたが、その国際法的地位は判然としない。おそらく、曖昧なままで差しつかえないとされたのであろう。駐在武官の派遣について中国側の了解を求めた形跡もない。当然、外交特権は認められなかった。駐在武官はしばしば諜報《ちょうほう》武官とも呼ばれたが、非公然のいわゆるスパイではなく、公然たる存在だった。つまり日本軍人であることを公然と名乗り、駐在地の実力者とも交際したのである。

明治末から大正末までに、駐在武官は上海、済南《さいなん》、南京、福州《ふくしゅう》、広東《カントン》、漢口《かんこう》に置かれた。清朝末期から民国初期の軍閥時代にかけては中央政府の地方に対する統制が極度に弱まったときであったから、これらの駐在武官が現地で収集した情報はきわめて重要であり、彼らの地方実権者（多くは軍閥）との接触も政治的に重要な意味を帯びがちであった。

現地での情報収集機関として駐在武官以外にもよく知られているものに、特務機関がある（巻末の表12を参照）。いわゆる特務機関（軍制上、厳密な意味での「特務機関」はここで言うものとは異なる）はシベリア出兵（一九一八～二五年）の過程で東部シベリアや北満洲の各地に設置されたのが始まりで、当初は対ソ諜報が主任務であったが、やがて対中国諜報を担当する特務機関も設置されることになる。とくに支那事変（日中戦争）以降は特務機関の数が増え、駐在武官も特務機関長と呼ばれるようになった。特務機関は合法・非合法の情報収集活動に従事し、なかには謀略活動に関与する例も出てくるようになる。

軍事顧問

軍事顧問についても、駐在武官とほとんど同じことが言えよう。軍事顧問は正式には応《おう》聘《へい》将校と呼ばれ、明治三〇年代に清国各地の軍学校の軍事教官として傭聘《ようへい》されたのが端緒《たんしょ》である。むろんその多くは中国軍人の教育にたずさわったのだが、やがてその他様々の面にも影響を与える軍事顧問が現れるようになった。

軍事顧問は、中国の中央政府あるいは地方政府(多くの場合は軍閥)からの要請に応え、俸給、任期等に関する雇傭契約を取りかわして成立する公式のものであった。中国側から特定の軍人を名指しで希望してくる場合もあれば、人選は日本側に一任された場合もあった。

中国側の派遣要請の表面上の目的は、軍事研究に関する様々の諮問《しもん》に応じてもらうことであったが、むろん実際に期待された役割はそれだけにはとどまらない。軍事顧問は、日本、とりわけ日本陸軍とのパイプ役を期待され、ときには援助の窓口となることさえ望まれた。顧問の存在は日本の支援を示すものと見なされ、それが政治的には軍閥間の抗争にも利用された。

日本側から見た場合の軍事顧問の任務は、勤務地でのあらゆる情報の収集に加えて、当該軍閥との軍事的提携関係を強化することにあった。軍閥支配地域の軍事施設のモデルを日本とし、日本からの武器輸入をうながすということも、その任務のなかに含まれていただろう。こうした軍事顧問の行動は、しばしば正規の外交活動への介入となり、日中両国に様々な波紋を引き起こした。

このように陸軍支那通は、中国情報の収集と分析をあつかういくつかのポストを歴任して中国スペシャリストとしての道を歩んだ。ただし当然ながら、こうしたパターンが明治初期から確立していたわけではない。彼らの行動の軌跡を正確にたどるためには、こうしたパターンが確立する前の支那通の動きから見てゆかねばならないだろう。

以下の叙述に関していくつかの点を前もってことわっておきたい。まず、陸軍軍人が初出の場合には、カッコ内に陸軍士官学校（陸士）の期別を記す。それが記されていなければ、陸士を卒業していない（陸士設立以前に軍人となった）場合である。また、陸士の制度は一八八七年にフランス式からドイツ式に変化しているので、旧制度で教育された一八七七年卒から一八八九年卒までを旧1期から旧11期と呼び、それ以降の卒業生から1期というように称する。ちなみに、1期は明治元（一八六八）年前後の生まれであるから、期別によって、その時点での年齢を推定することができる。

直接引用にあたっては、旧かなづかいを新かなづかいに、カタカナをひらがなに改めた。

また、読みにくい場合には、漢字をひらがなに変え、送りがなを補い、適宜ルビを付けた。濁点、句読点を加えた場合もある。

なお、一六五頁の佐々木の引用文中に「屠殺」という不適切な表現があるが、歴史資料であるためそのまま引用した。ご諒承願いたい。

第一章

陸軍支那通の誕生

青木宣純（土肥原賢二刊行会編『秘録 土肥原賢二』）

1　支那通の原型

清国派遣将校制度

陸軍が組織的な中国情報収集への動きを示したのは、前述したように、一八七四（明治七）年、陸軍省の外局として参謀局を設置したあたりからである。征韓論や征台論の高まりを受け、海外派兵の可能性が考慮されるようになったからであった。一八七二年夏には、参議西郷隆盛《さいごうたかもり》の主張により、陸軍少佐と大尉が外務省出仕となり通訳とともに営口に派遣されている。三人は商人に扮装して南満洲各地の地理、兵備、風俗等を調査し、翌年帰国した。

一八七三年末、陸軍は中国語の習得と清国の国情偵察のため中尉以下将校六名と下士（下士官）二名を清国に派遣する。これが、陸軍による本格的な中国情報収集の最初の試みであった。それはまた、中国の事情に通じた軍人を養成するための制度の始まりでもあったと考えられる。中国事情の研究の必要性を訴えた陸軍少輔鳥尾小彌太《とりおこやた》の提言が、直接のきっかけであったと言われる。

派遣された軍人は身分や姓名を隠し、上海で冬を越したのち、翌年北京と天津《てんしん》に移り中国語習得に従事した。しかし日本の台湾出兵により日清間に緊張が高まると、開戦を必至《ひっし》と判断した彼らは帰朝を願い、一八七四年一一月までに五名が帰国した。血気盛んの青年将校は中国語の習得に没頭してはいられなかったのだという。残りの三名のうち二名も病気のため翌一八七五年春までには帰国した。

二回目の清国派遣は、台湾出兵と並行して一八七四年四月に行なわれている。前年の一回目が北清を目指したのに対して、二回目の七名（大尉以下将校六、下士一）は、台湾出兵との関連で南清に駐在した。その後、台湾出兵をめぐる日清間の交渉が妥結したことにより、翌一八七五年二月までに五名が帰朝を命じられた。この年に清国に公使館付武官が置かれるようになったので、経費節約をはかるために人員整理を行なったのだともいう。

桂太郎による再開

その後しばらくの間、少壮将校の清国派遣は実施されなかったようである。経費の問題のほかに、西南戦争（一八七七年）とその後始末が関係していたのだろう。派遣が再開されるのは一八七九（明治一二）年である。再開をうながしたのは、ヨーロッパの軍事制度を学んで帰国した桂太郎《かつらたろう》の建議であった。桂は管西局長に就任し、派遣将校に関する新しい規程を制定した。派遣将校の給与を改善し、派遣期間（三年）を明示し、駐在地を指定し、清国での長期調査旅行の費用を支弁することなどがその新しい規程の内容であった。身分を秘匿《ひとく》して諜報任務に従事することには変わりがなかった。一八七九年には大尉以下一二名が派遣され、そのなかには一回目と二回目の派遣将校が二名ずつ含まれている。この年には、やはり桂の建言により、中国語を研修するために十数名が留学生として北京に送られた。なお、清国派遣将校の選抜方法はあまりはっきりしないが、各地の鎮台《ちんだい》（鎮台編成から師団編成に改められるのは一八八六年）から適性のある少壮将校を選んで参謀本部出仕とし、そこで短期間準備をさせたあと、実際の派遣となったようである。何が適性の基準となったのかはよくわからない。

希薄な日中関係のもとで

清国派遣将校が従事した情報活動とはどのようなものだったのだろうか。最初に注意しなければならないのは、明治初期の日中関係が非常に希薄なものだったことである。正式の国交関係は一八七三年に開かれたばかりであり、以前から通商関係があったとはいっても、中国に在住する日本人はきわめてまれであった。中国に日本の租界《そかい》や居留民団などというものがまだ存在しなかった頃である。

当時、将校の多くは武士出身であったから、その素養として漢籍を学んだ彼らが中国についで無知だったとは言えまい。しかし、現実の中国について軍人たちが十分な情報を持っていたとは思われない。否むしろ、地形や地誌など中国に関する基礎的データははなはだ乏しかったのである。それゆえ、日清戦争以前に派遣将校として中国に駐在した軍人は、まさに手探りで情報を収集し、基礎的データを自らの手で作成しなければならなかった。

たとえば、一八七三年、第一回清国派遣将校が上海で冬を越し翌年春北京に到着したとき、同地には本願寺から派遣された僧侶以外日本人は住んでいなかったという。天津に居住する日本人も一人だけだったとされている。たとえこれが正確な数ではないとしても、北京や天津に在住する日本人が極度に少なかったことは間違いないだろう。派遣将校はこうした条件下で国情偵察、諜報任務に就き、ときには奥地まで単独踏破による調査旅行に出かけたのである。

派遣将校の活動

その頃の諜報活動の例を紹介してみよう。島弘毅《しまこうき》は第一回の派遣将校に選ばれたが、前述したように、中国語を学んでいる段階で、台湾出兵をめぐる日清緊張のために一年足らずで帰国してしまった。しかし島は一八七五年に再び派遣され、上海から天津を経て北京に入る。一八七七年四月から一〇月まで半年におよぶ満洲旅行を試み、地理、気候、物産、兵備等、自らの足で多方面にわたる調査を行なって、帰国後その調査日誌を提出した。もちろん島たち派遣将校は清国の政治動向や列国との外交関係などに関する情報の収集にもあたっていたが、注目されるのは、それよりもむしろ長期の調査旅行による基礎的データの収集であろう。本国の陸軍が望んでいたのも、そうした基礎的情報であった。島の満洲調査報告書は、それまでで最も詳細を極めたもので、参謀本部の満洲兵要地誌の基礎となったとされている。なお島は、一八七九年、再開された派遣将校制度により三たび清国におもむき、二年後に帰国したのち、一八八三年、四度目の清国派遣を命じられ、在勤四年半におよんだ。

第二回の派遣将校、相良長裕《さがらながひろ》も当時の諜報活動をものがたる好例である。相良は広州《こうしゅう》に駐在し、三年半の滞在中に広東省内を調査して、同地の兵制や兵備に関する詳細な報告を作成した。一八七七年末、広州から福州におもむき、同地の軍備や台湾関係の情報収集に従事している。興味深いのは、当時福州には琉球館があり、相良が同館の琉球人の動静に関する探査を実施していることである。当時の琉球をめぐる日清間の微妙な関係がうかがわれよう。相良は中国に駐在すること六年におよび、一八七九年に帰国したが、同年間もなく今度は香港《ホンコン》に派遣されている。

以上の例から明らかなように、派遣将校が従事した諜報活動とは、基本的に、地図や兵要地誌など基礎的データの収集であった。しかもその収集はきわめて初歩的な方法によってなされたのである。たとえば、彼らが調査旅行を試みるとき、利用できる鉄道はほとんどなかった。頼るべき地図さえ不確かだったのである。

青木宣純、柴五郎、小澤豁郎

明治期を代表する支那通と言えば、青木《あおき》宣純《のぶずみ》（旧3期）であることに異論を唱える人はないだろう。青木は明治三〇年代から大正初期にかけて四度、清国公使館付武官を務め、在任期間がのべ約一三年におよんだ。四度目には八年半も同じポストにあった。この青木と陸幼（陸軍幼年学校）、陸士（陸軍士官学校）の同期生に柴《しば》五《ご》郎《ろう》と小《お》澤《ざわ》豁《かつ》郎《ろう》がおり、三人は任官する前から、将来は中国のことにたずさわろうと誓い合った「同志」だったという。おそらく彼らの誓いをうながしたのは、西洋列強の圧迫に対抗するには東洋諸国が提携協力しなければならない、とする素朴な「東亜保全」のイデオロギーであったろう。

一八八四（明治一七）年、青木は中尉で参謀本部出仕となり、清国に派遣された。あとの二人も相前後して派遣されている。清国派遣将校制度が発足してからすでに一〇年あまりの年月が経過していたが、中国での彼らを取り巻く事情はそれほど変化していなかったようである。青木宣純が広州に派遣されたとき、同地に居住する日本人はいなかった。青木は変名を使って暮らしたが、東京で学んだ北京《ペキン》官話《かんわ》が広東では全然通用しなかったため、一時ノイローゼにおちいった。何とかそれを克服し広東語をマスターした三年後、青木と、福州に駐在していた柴五郎は北京への移動を命じられ、同地で北京付近の地図作成に従事する。一八八九年春、柴が満洲、朝鮮を経て帰国した旅行の様子は、村上兵衛氏による評伝のなかに活写されているが、そのとき柴は満洲でほとんど日本人とは出会わなかった。

早くも独断専行の予兆が

彼らが中国に駐在していたとき、のちの支那通の行動様式を暗示するような事件が持ち上がっている。その中心人物は小澤豁郎であった。小澤は福建省の省都、福州に赴任したのだが、そこで彼は、民間の「志士」たち（いわゆる大陸浪人の原型）と「福州組」なるグループをつくり、独断で政治的な動きに走ろうとした。当時清国はヴェトナムをめぐってフランスと戦っていた（清仏戦争）ので、それにともなう動揺と混乱を利用して事を挙《あ》げ、清国に革命を起こそうと画策したのである。この画策には中国の秘密結社、哥老会《かろうかい》との連絡があったともいうが、真相はよくわからない。いずれにしても、計画はきわめて杜撰《ずさん》で、実現性に乏しかった。

この暴挙の画策はやがて本国の陸軍中央の知るところとなった。このとき同期生の柴が福州に派遣されるが、それは小澤を説得し暴挙を阻止するためであったという。結局、画策の「同志」からも慎重論が出て計画は中止となり、翌一八八五年小澤は香港に移駐させられる。彼は酒におぼれて半身不随となり、軍職を去ることになってしまう。

小澤たちは何を目指していたのだろうか。彼らは次のように主張していた。欧米列強の侵略の脅威を前にして、東洋諸国は提携同盟すべきはずなのに、隣の清韓両国とも老朽化して自力で独立をまっとうする意志を欠き、このままでは侵略の餌食になってしまいかねない。したがって、日本はあえて隣国の覚醒《かくせい》をうながしその改革を指導してゆくか、そうでなければ、進んで隣国に勢力を扶植《ふしょく》して列強の機先を制すべきである、と。

こうした主張に対して、革命は中国人が主体となって行なうべきであって、日本人としてはそれを援助するのが本筋ではないか、との当然の疑問の声が上がった。これに対し小澤は、中国人には事を挙げる勇気がないので日本人が先に立って実行しなければならぬ、と答えたという。ここには、このあとの支那通の大半にも共通して見られるようになる独特のロマンティシズムと、やや独り善がりの「東亜保全論」とが表れている。

前述したように、このときの小澤豁郎には、支那通の行動様式の予兆とも言うべき一面もある。それは、その強烈な使命感から、しばしば独断専行し、本国の統制から逸脱するという、その後何度か繰り返されるパターンであった。

荒尾精と根津一

明治期の日中関係にユニークな足跡を残した二人の軍人、荒尾精《あらおせい》（旧5期）と根津一《ねづはじめ》（旧4期）も、清国派遣将校である。荒尾は少年のときから中国問題に強い関心をいだき、陸士を卒業したときに軍職を捨てて渡清しようとしたが、知人の助言によって思いとどまり、熊本に在勤中、中国語を学んだ。その努力が実を結んで参謀本部出仕となり、一八八六年春、ようやく待望の清国派遣を命じられたのである。

念願かなって上海におもむいた荒尾中尉は、日中間の人的交流の礎を築いたと言われる岸田吟香《きしだぎんこう》と親交を結んで、岸田の経営する楽善堂の支店を漢口に開き、書籍・薬・雑貨を売って清国官憲の眼をまぬがれながら、清国事情の調査研究を行なった。荒尾はさらに、清国に滞在する「同志」をつのり、彼らを各地に派遣して現地調査に従事させた。つまり彼は、二十数名の民間人を諜報活動の言わばエージェントとして駆使し、それまでの派遣将校の単独踏査活動とは異なる、チームとしての諜報活動を実践に移したのである。彼ら民間人は弁髪《べんぱつ》をたくわえて中国人に変装し、言葉が通じない場合は福建人だと偽り（中国語の数ある方言のなかでも福建語は特別で、他省ではほとんど理解されなかった）、多くの危険をおかして奥地に足を踏み入れたという。しばしばそれは無銭旅行に近く、行方不明となる者も出た。

ところで、荒尾の活動は単なる情報収集だけにとどまっていたのではない。同志を糾合《きゅうごう》したときの目標は、欧米列強による侵略の脅威を防ぐために中国を「改造」し、「改造」された中国と日本が連帯することにあった。やがて現地調査によって清国の実情を理解するにつれ、末期的症状を呈する清朝には自力改造の可能性はないこと、かといって日本が改造を強制できるほど事態は単純ではないことが明らかとなる。

「東亜保全」の志士のモデル

このような状況下で荒尾が立てた方策は、対清貿易を振興して日本の商権拡張をはかることであり、そのための人材を養成することであった。商権拡張は、列国の機先を制して日本の勢力を清国に扶植することにつながり、商業活動は、それを通じて清国の実情に関する情報収集や革命運動の志士との連絡にも役立つはずであった。三年の任期を終えて帰国した荒尾は、対清貿易に従事すべき人材養成のための日清貿易研究所の設立を目指し、政府および軍の要路に支持協力を説いて回る。

一方、根津一は陸士で荒尾の一年先輩、在校中から二人は肝胆相照《かんたんあいて》らし、「東亜交流」のために献身することを誓い合ったという。根津は陸軍大学校（陸大）に進んだが、ドイツ人教官のメッケルと衝突して退校した。一八九〇年、根津大尉は参謀本部から清国に派遣される。楽善堂のメンバーが農民暴動に呼応して武昌《ぶしょう》で蜂起するという噂が伝わったため、その中止の説得を要請されたのである。やがて根津は軍服を脱いで予備役となり、荒尾大尉を助け、困窮をきわめた日清貿易研究所の維持・経営にあたった。日清貿易研究所を援助するためには、ほかにも参謀本部から軍人が派遣されている。

根津の業績として高く評価されているのは、楽善堂のメンバーが集めたデータをもとにして『日清通商綜覧』を執筆・刊行したことである。これこそまさに商権拡張のための基礎であった。なお、楽善堂員や日清貿易研究所卒業生は、日清戦争に際し陸軍通訳として活躍したという。

この間、荒尾は一八九三年予備役に入り、日清戦争に際しては、日本の勝利によってこそ朝鮮独立と清国改造が実現できると戦争を意義づけたが、戦後間もなく台湾でペストにかかり急死した。根津は、日清貿易研究所の後身とも言うべき東亜《とうあ》同文書院《どうぶんしょいん》の院長に就任した。荒尾も根津も陸軍支那通の枠にはおさまり切れない。楽善堂や日清貿易研究所が陸軍の諜報活動の拠点となったことは事実だが、彼ら二人の活動が陸軍という組織からはみ出し、情報収集だけにはとどまらず多方面におよんだことも否定できない。二人は、陸軍支那通という以上に、「東亜保全」の志士のモデル的存在となった。そしてモデルであるがゆえに、少壮将校が支那通の道を選択する際に大きな影響をおよぼしたとも考えられよう。のちに辛亥革命が支那通青年将校の血を湧かせることになるが、それは、アジア連帯あるいは「東亜保全」的な理念が彼ら支那通軍人の間に脈々と流れていたことを示唆している。

清国派遣将校の中止

青木や柴、荒尾を生んだ清国派遣将校制度は、長つづきしなかった。制度自体に問題があったからである。この制度は、一部の青年将校が中国問題に強い関心を持ち、そのために自己研鑽《けんさん》にはげんでいることを前提としていたが、そうした少壮将校だけで十分に陸軍の需要をみたすとは限らなかった。この点に関し、清国公使館付武官を務めた福島安正《ふくしまやすまさ》は、一八八五年の意見書で次のように述べている。目下の急務は清国の言語と形勢に通じた将校を養成することだが、欧米のことを学ぶのとは違って、清国の事情に通じても軍人としての経歴上あまりプラスとはならないだろう。したがって清国事情に通じた軍人を養成するには、当局が奨励のための特別措置をほどこす必要がある、と（『対支回顧録　下巻』）。

軍人は本来、部隊を率いる指揮官、あるいはその参謀となることを目指すものである。部隊の指揮・運用が軍人の本来的な職務である。それゆえ、欧米の先進的な戦略・戦術あるいは兵器のことならば進んで学ぼうとするだろうし、それを学ぶために外国語をマスターしようとするだろうが、そこからは中国語を学んだり中国事情を研究しようという動機は生まれてこない。福島の意見書の背景には、こうした事情があったのである。

日清戦争後、清国派遣将校制度は姿を消している。この制度は日清戦争前に、すでに中絶していたようである。もちろん諜報任務のために清国に派遣される将校がなくなったわけではない。しかし、桂が制定した規程に基づいて年に一度、定期的に数名を送り出すことは行なわれなくなった。派遣将校制度には、長期的に中国スペシャリストを養成するねらいがあったが、日清戦争が近づくとそうした長期的なねらいは後景に退《しりぞ》き、もっぱら短期的な諜報任務が前面に出るようになったのである。

これには、いくつかの理由が考えられる。まず、清国との関係が対立の度を増してゆくにつれ、軍事衝突を前提とした諜報活動が何よりも優先され、長期的な支那通人材の養成という余裕は失われただろう。また、両国の関係が緊張すれば、清国側の監視の眼が光り、身分を隠した軍人を派遣すること自体、抑制せざるを得なくなったのだろう。

登竜門としての陸大

では、支那通の養成はまったく行なわれなくなったのだろうか。明らかに、そうではない。ただ、養成のやり方が変わったのである。それは、陸大出身者のなかから支那通を養成してゆく方法であった。つまり、一定の能力を認められた陸大卒業者のなかから適性のある者もしくは志望者を、参謀本部の中国情報関係の部署に配置したり、あるいは中国に派遣して、支那通として養成する方式を採用するようになったのである。

こうした方式が定着し始めるのは日清戦争後、明治三〇年代のことである。陸大が最初の卒業者を出すのは一八八五年末だが、当初の卒業者は一〇名弱ないし十数名であって、きわめて少数であった。それが一八九九（明治三二）年末卒の一三期生は四〇名を越すようになる。これは基本的には、日清戦争の経験とロシアとの戦争の可能性を踏まえて、陸軍の規模が拡大したことの結果であったが、他面、陸大卒業者のなかから支那通を養成してゆく数的余裕も生んだ。明治三〇年代に陸大卒業者が清国に派遣される例が増えるのは、そのためであったろう。

また、陸大での外国語教育は従来、ドイツ語とフランス語からの選択であったが、一八九七（明治三〇）年にはこれにロシア語と英語が加わり、一九〇〇年に中国語も加えられた。陸幼では一八九八年以来独、仏、露の三カ国語からの選択となっており、陸士ではこれに英、中の二カ国語を加え合計五カ国語からの選択制となっていたが、英語と中国語を選択するのは主として中学校から陸士に入ってくる者であった。陸大の選択外国語に英語と中国語が加えられたのは、こうした中学校出身者に配慮したからである。こうして、陸大で中国語を学んだ者を、支那通として養成して行くこともできるようになった。

ちなみに、一般に幼年学校の入試は中学校一年修了程度を想定しており、陸士の入校対象は幼年学校卒業者と、中学校（五年制）卒業者であった（のちには四年修了者も受験資格を認められた）。陸大には、任官して二年以上隊付勤務をした少・中尉に（のちには大尉にも）受験資格が与えられた。合格率は一割前後だったと言われる。

このように陸大は軍人がエリートとなるための狭き門であったが、支那通としての道を歩もうとする軍人にとっても登竜門と見なされるようになる。つまり、陸大を卒業しなければ、支那通として活躍する場と機会は得られないと考えられてゆくのである。支那通となるために陸大卒業の占める比重は、いよいよ重くなった。

たたきあげからエリートへ

もちろん陸大卒業が支那通となるための絶対的要件となったわけではない。陸大出ではなくても、のちに支那通として活躍した軍人は少なくない。日露戦争で青木宣純の諜報活動を補佐し、戦後には現役のまま満鉄の奉天公所長を務めた佐藤安之助《さとうやすのすけ》（6期）の例を紹介しよう。

佐藤は日清戦争で負傷して片足を失い、兵要地誌の編纂を担当する参謀本部編纂部に勤務していた。陸大入校を希望したところ、隊付（部隊）勤務年数不足のため入校資格を認められなかったが、彼の才能を惜しんだ上司の奔走によって、正規の学生ではなく特殊学生としての聴講がようやく認められた。陸大の三年の課程を修了した頃、北清事変（義和団の変）に際して日本を含む列国が中国に出兵し、これにともない列国軍との折衝《せっしょう》のために、現地から、英語に堪能な若手将校の派遣を求めてきた。英語のできる佐藤中尉に白羽の矢が立てられ、彼は天津に赴任することになる。これが、彼が支那通の道を歩むきっかけとなったのである。佐藤の例は、正規の陸大卒でなくても支那通として活躍できたことをものがたると同時に、陸大の課程を修了したという事実が彼の経歴にやはり何らかの意味を持ったことをも示している。

このように陸大卒でない者に支那通の道が閉ざされたわけではないが、陸大出身者が支那通の主流を構成するようになったことは疑いない。それは、陸軍の教育体系が整備されてきたことを示すとともに、従来のようにたたき上げの青年将校ではなく、学校エリートの軍人が支那通の主流となってゆくことをも意味していた。

傍流の傍系

しかしながら、このエリートは必ずしもトップエリートではなかった。すでに指摘したように、軍人の本来的な職務が部隊の指揮・運用にあるとすれば、軍人はまず作戦畑に進むのが本流となるはずであった。言い換えれば、情報のスペシャリストになろうとすること自体、もともと傍流の道なのである。しかも、陸軍の仮想敵国は、少なくとも日清戦争以後ほぼ一貫してロシア・ソ連であったから、情報のなかでは当然ロシア情報のほうが中国情報よりも重視された。この点でも、中国情報をあつかう支那通の地位は相対的に見て高くはなかったと考えざるを得ない。陸大の成績優秀者は、卒業すると独仏露などヨーロッパ諸国に派遣されるのが通例であった。

こうしてみると、支那通は、軍人の本流としての作戦畑に対する傍流としての情報畑に属し、そのなかでもロシア情報関係者に比べると、どちらかと言えば、傍系に位置づけられる。つまり、陸軍エリートのなかの傍流の傍系である。むろん、支那通が質的にも能力的にも、作戦畑の軍人やロシア情報関係者に比べてけっして劣っていたわけではない。ただ、支那通となることは、エリートのなかで相対的に不利であり不遇となるかもしれない道を選択することではあった。

とすれば、支那通の道を選んだ者には、何らかの強い動機や事情が作用したに違いない。もちろん、佐藤安之助の場合のように、偶然が作用して支那通の道に入った軍人もあっただろう。陸大の成績が思わしくないから、中国情報担当以外に選ぶ道がなかったというケースもあったかもしれない。しかし、おそらく大半の支那通にとっては、「東亜保全論」のような独特の思想や情緒が動機として働き、それが彼らのキャリア選択を方向づけたのではないだろうか。

2 明治期の支那通

軍事顧問の登場

陸軍支那通の系譜をたどるうえで重要なのは、日清戦争後に軍事顧問として中国に招聘される軍人が出てくることである。これが、日本と中国との軍事面でのつながりを密にしたのであった。

軍事顧問は当初、清国各地の軍学校の教官として招聘された。当時、日本人教官の招聘は、むろん軍人だけに限られていたわけではない。また軍事教育だけに限られていたわけでもない。清国の教育界全般にわたって日本から教官を招聘するのは、やや誇張して言えば、一つのブームとなっていた。その背景には、清国のいわゆる変法自強《へんぽうじきょう》の運動があった。つまり、日清戦争に敗れ列国による侵略の危機に立たされた清国政府は、ようやく近代化の必要に目覚め、日本をモデルとして改革を推進しようとしたのである。変法自強を掲げた政治刷新は戊戌《ぼじゅつ》の政変により短期間で終わるが、北清事変後、清朝の支配を維持・強化するために、あらためて上からの改革が試みられる。これを背景として、日本人顧問の数は一九〇二（明治三五）年に一〇〇〇人を上回り、日露戦争後の一九〇七〜〇九年にピークに達して五〇〇人を越えた（表1参照）。

日本軍人が軍事顧問になった最初の例は、一八九八年、武昌武備学堂の教習（教官）で、湖広《ここう》総督張之洞《ちょうしどう》の軍事顧問に就任した大原武慶《おおはらたけよし》（旧8期）である。前年以来日本陸軍が張之洞に対して行なってきた日清提携の説得の成果であった。その後、辛亥革命まで日本の軍事顧問は、直隷《ちょくれい》省（のちの河北《かほく》省）の天津、保定《ほてい》、安徽《あんき》省の安慶《あんけい》、湖北《こほく》省の武昌、江蘇《こうそ》省の南京、浙江《せっこう》省の杭州《こうしゅう》、四川《しせん》省の成都《せいと》、貴州《きしゅう》省の貴陽《きよう》、福建省の福州、広東省の広州などに、主として軍学校の教官として傭聘された。

1896年	1　人
1898	(3)
1900	(13)
1902	(116)
1904	218
1906	(431)
1908	555
1910	484
1912	159
1914	231
1916	320
1918	430
1920	397
1922	372
1924	396

表1　中国政府雇用日本人の数（1896〜1924年）

注：（　）は未確定数。

出所：南里知樹編『近代日中関係史料　第Ⅱ集』

袁世凱とのつながり

なかでも、とくに注目されるのは、袁世凱《えんせいがい》の顧問となった軍人たちである。一九〇〇（明治三三）年、清朝末期の実力政治家で当時山東巡撫《さんとうじゅんぶ》であった袁世凱は、山東新建陸軍の教育のために日本政府に軍事教官の派遣を依頼し、その候補としてとくに清国公使館付武官の青木宣純（当時中佐）を名指しで望んだという。袁の要望を受け青木は清国政府への応聘将校（身分上は参謀本部付）となったが、天津で諸般の準備にあたっているときに北清事変への出兵となり、実際には袁の顧問として働くことができなかった。なお、青木の後任として公使館付武官となったのは柴五郎である。柴が義和団や清国兵を相手に、ごく少数の列国将兵を率い、死にもの狂いで公使館区域を守る北京籠城《ろうじょう》戦を戦ったことは、よく知られている。

さてその後、袁世凱は李鴻章《りこうしょう》死去のあとを襲って直隷総督兼北洋大臣となり、その軍事顧問として寺西秀武《てらにしひでたけ》（1期）、坂西利《ばんざいり》八郎《はちろう》（2期）、多賀《たが》宗之《むねゆき》（4期）などを招聘した。いずれも陸軍支那通の代表的存在となる軍人である。清国はロシアとの協定により、ロシア人以外を軍事顧問として雇うことができなかったので、日本軍人は当初、兵書翻訳官として雇用されたという。実際には日本の軍事顧問は、改編拡張された北洋陸軍の教育訓練にあたり、その方面に多大の影響を与えた。無視できないのは、彼らがその過程で袁世凱の幕僚たちとも関係を持つようになったことである。袁世凱以外にも、段芝貴《だんしき》、馮國璋《ひょうこくしょう》、段《だん》祺瑞《きずい》など、辛亥革命後の軍閥時代の主役たちと、陸軍支那通は顔馴染みだったことになる。

応聘将校

軍事顧問（陸軍で正式には清国応聘将校と呼ばれた）は、どのような任務を負わされたのだろうか。一九〇二年に出された陸軍大臣の訓示によると、清国の軍制改革は日本の対清政策のなかで最も有望な事業なので、これを推進すると同時に、日本の実力を扶植《ふしょく》することにも努めよ、と指示されている。また、「軍事に関する事項は勿論其他《もちろんそのた》列国の行動若《も》しくは時々発生する事件にして必要と認むるもの」は、すべて参謀本部に報告するよう命じられた（『近代日中関係史料　第Ⅱ集』）。要するに、軍事顧問は軍事を通して日清両国の関係緊密化をはかるだけでなく、駐在地での様々な情報収集にも従事することが求められたのである。おもしろいのは、外国人の眼をそばだてぬよう極力注意を払い、応聘将校であることを公言せず、軍服の着用を避け、努めて「支那服」を着るよう勧告していることである。袁世凱の軍事顧問が兵書翻訳官とされたのは、おそらくこのことと関連しているの

年	満洲	華北	華中	華南	合計
1890					864
1895		64	606	0	901
1900	611	1,121	1,286	201	3,640
1905	11,295	3,307	5,258	638	21,200
1910	76,333	3,771	9,594	※2,426	93,173
1915	101,586	6,735	13,978	778	124,428
1920	160,062	34,638	18,682	1,224	216,386
1925	187,988	23,233	22,767	1,246	236,770
1930	228,784	24,669	27,159	1,384	283,870
1935	492,604	28,006	26,390	1,347	549,752

表2　中国在留日本人人口（1890〜1935年）

注：※台湾籍中国人を含む。
合計は、香港、マカオ、その他を含んでいるので、満洲、華北、華中、華南の総計とは一致しない。

出所：副島圓照「戦前期中国在留日本人人口統計（稿）」『和歌山大学教育学部紀要　人文科学』33集（1984年２月）

だろう。

軍事顧問の多くは軍学校の教官として傭聘されたのだが、なかには軍事教育だけでなく、政治問題にもおよぶ様々の諮問に応じ、まさしく軍事顧問としての活動に従事した軍人もあった。また、軍学校教官としての経験を出発点として支那通への道を歩んだ軍人もある。この時期、袁世凱以外のところで軍事顧問（軍学校教官）を務め支那通として知られるようになった軍人には、奉天《ほうてん》の貴志彌次郎《きしやじろう》（6期）、杭州の斎藤季治郎《さいとうすえじろう》（旧11期）、成都の井戸川辰三《いとがわたつぞう》（1期）、貴州の高山公《たかやまきみ》通《みち》（旧11期）などがいる。

進む日中交流

前述したように、北清事変以後は軍事

期別	入校年月	卒業年月	卒業者数	陸士の期別
1期	1900年12月	1901年11月	39	13期
2期	1901年12月	1902年11月	25	14期
3期	1903年12月	1904年10月	92	16期
4期	1906年12月	1908年5月	74	20期
5期	1907年7月	1908年11月	57	
6期	1907年12月	1908年11月	197	21期
7期	1908年12月	1910年5月	53	22期
8期	1909年12月	1911年5月	54	23期
9期	1910年12月	※1911年11月	47	24期

表3　陸軍士官学校の清国人留学生（辛亥革命まで）

注：※9期生は辛亥革命に伴い1911年11月全員退校させられた。

出所：小林共明「陸軍士官学校と中国人留学生」『季刊ひとりから』6巻（1985年11月）

顧問だけでなく、他の分野でも日本からお雇い外国人として教官を招聘する例が急増したが、それと並行して清国に在留する日本人居留民一般の数も、全体として大幅に増加していたことに注意しておく必要がある（表2参照）。もはや、清国派遣将校の時代とは状況が一変していたのである。日中関係は重層的となりつつあった。

在清国居留民の数が増えるにつれ、また清国でのお雇い日本人が増加するのと並行して、清国から日本への留学生の数も大幅に増加し、なかでも日本の軍学校に留学する清国人が急増した。一九〇六年に日本への中国人留学生は八〇〇〇人を超えた。同じ頃陸士に在籍する中国人留学生も数十人に達した（表3参照）。こうした日本に留学した中国の軍人たちは、革命派であると否とを問わず、辛亥革命やその後の時代に大きな役割を演じることになる。

陸士の清国人学生は日本の士官候補生とは別の校舎で別個の教育を受けたので、日本人学生との間に同期生あるいは先輩・後輩といった濃密な人間関係が育まれたわけではなかったが、清国人学生を指導した区隊長は彼らに様々な影響を与え、それが卒業後にも意味を持つことがあった。例えば、一九〇七年末から三年間、清国学生隊区隊長を務めた岡村《おかむら》寧次《やすじ》（16期）は、一九二〇年代後半、陸士で指導した孫傳芳《そんでんぼう》（浙江督軍《とくぐん》）から軍事顧問に迎えられている。このように、中国における日本人軍事顧問の招聘だけでなく、日本の軍学校への中国人留学生の増加も、その後の支那通たちの活動を支える基盤となったのである。

青木宣純の諜報活動

すでに指摘したように、明治期の最も代表的な支那通軍人は青木宣純である。青木は、派遣将校として三年清国に駐在したのち、ベルギーに二年あまり留学して築城学を学んだ。日清戦争に従軍したあと、戦後の一八九七年、少佐で清国公使館付武官となった。その職にあったとき、袁世凱から顧問の話が持ち込まれたのである。北清事変に際しては天津の戦闘で負傷したが、のちに連合軍による占領地行政にたずさわり、事変後、再び公使館付武官となった。

その後、青木は帰朝して大佐に昇進し念願の連隊長勤務に精を出していたが、日露間の風雲急を告げると、参謀次長児玉源太郎《こだまげんたろう》の懇望により、三たび公使館付武官に就任、対露諜報活動に従事することになった。青木が児玉から受けた指示は、日清共同して敵情探知の機関を組織すること、敵陣背後の交通線を破壊すること、馬賊《ばぞく》団を利用して敵の側背を脅威すること、であった。青木は赴任途上、天津で袁世凱と会見し、こうした点について袁の了解と支持を取り付けた。

袁世凱はすでに一九〇二年、当時の参謀次長田村怡与造《たむらいよぞう》（旧2期）との間に秘密の合意を交わして、対露諜報に関し協力を進めていた。北清事変にともなうロシアの満洲占領を見て、ロシアの脅威に対抗するため日本との協調をはかっていたのである。対露諜報の面で日本軍と袁世凱との連絡役となったのは、かつて柴五郎の下で北京籠城戦を戦った守田《もりた》利遠《としとお》（旧8期）である。芝罘《チーフー》に駐在していた守田が、田村と袁世凱との合意に基づき、諜報協力についての具体的協定を取り決めたのである。この取り決めにより、袁世凱は満洲と山東省内の清国側軍事諜報機関を守田の指揮下に置くことになった。守田の指揮下には、のちに軍閥の巨頭となる呉佩孚《ごはいふ》がいた。

この諜報協力は日露開戦後にも継続されたようである。清国人諜報員から袁世凱の下に集まる情報は、顧問の坂西利八郎あるいは守田に伝えられ、そこからさらに日本の大本営に伝えられたという。

特別任務班

日露戦争中の諜報協力で有名になったのは、いわゆる特別任務班の活動である。これは青木が児玉参謀次長の指示に基づいて組織した、言わば特殊工作機関であった。守田も青木とは別に、諜報活動のための特別工作班を組織した。

満洲での特別任務班の活動をここで詳述する余裕はない。要するに、電信線の切断、鉄橋の破壊、馬賊による牽制行動などの後方攪乱《かくらん》工作と、情報収集の諜報工作がその主たる活動内容であった。青木とその補佐役としての佐藤安之助が北京で計画を立て、数名の軍人と三十数名の民間人が満蒙での困難な工作実施にあたった。そのなかには井戸川辰三など、のちに支那通として名を成した軍人が含まれている。なお、開戦直前に現地諜報のために参謀本部の命によって満洲に潜入した土井《どい》市之《いちの》進《しん》(旧11期)も、のちに支那通として知られるようになる。

特別任務班の活動はヨーロッパにおける明石《あかし》元二《もとじ》郎《ろう》(旧6期)の情報工作と並び称されたが、実際の軍事的効果はそれほど大きくはなかったともいう。ただし、大した効果は収めなかったにせよ、袁世凱との了解を後ろ楯として、こうした活動を実施し得たことの意味はけっして小さくはなかった。陸軍支那通はこのような特殊工作ともオーバーラップしてイメージされるようになるのである。

袁世凱顧問、坂西利八郎

陸軍支那通として青木宣純のあとを継いだのは坂西利八郎である。坂西は陸幼、陸士を経て一九〇〇年に優等の成績で陸大を卒業、参謀本部で中央アジア情勢を担当していたところ、一九〇二年北京での中国研究を命じられ、二度目の公使館付武官を務めていた青木の下で働いた。中国研究を命じられたとき、ロシアの勢力を駆逐するためには中国を味方にしなければならず、そのためには中国のことを学ばねばならぬ、と坂西は考えたのだという。それまで彼は支那通の道を志望していたわけではなかったようである。彼が学んでいた外国語もドイツ語であった。

北京に派遣された坂西は、日露間の雲行きがあやしくなりつつあるなか、現地の情勢を探るため五カ月にわたって満洲のロシア軍の状況を偵察する。坂西は公然と日本軍人であることを名乗ったが、ロシア留学準備のための語学研修というふれこみであった。この満洲偵察を終えたあと、坂西は応聘将校として袁世凱の顧問となる。

顧問となった坂西は、袁世凱と話すときは通訳なしで中国語で会話することを申し入れ、さらに弁髪をつけた。やがて坂西は袁の信頼をかち得、彼から班志超《はんしちょう》という中国名までもらった(ちなみに多賀宗之も賀忠良《がちゅうりょう》という中国名をもらっている)。坂西は軍事問題にとどまらず、しばしば政治問題にまで助言を与えたようである。日露戦争直後、陸軍大臣寺内正《てらうちまさ》毅《たか》から、坂西の報告はあまりに政治面に関係し過ぎるとの注意があったとき、彼は次のように弁明している。袁世凱が外交や政治についても意見を求めるので、その質疑応答を正確に報告しているだけであり、自分としては「決して旧式支那通の如く実行し得《う》べからざる大言壮語して、自《みずか》ら衒《てら》うが如き事は断じて之《これな》無き積《つも》りに候《そうろう》」と（『坂西利八郎書翰・報告集』）。こうした文面から、当時の中国人政治家と日本人軍事顧問との関係をうかがい知ることができよう。また、すでにこの頃から支那通の通弊《つうへい》として「大言壮語」や「衒い」が意識されていたことも興味深い。

その頃、天津では吉野作造《よしのさくぞう》が袁世凱の嫡男の家庭教師として雇われていた。吉野はやがて家庭教師のほかに袁の参謀将校に戦時国際法を講義するようになるが、これは家族を抱えた吉野の経済的窮状を見兼ねた坂西のはからいによるものだったという。大正デモクラシーのイデオローグと陸軍支那通との、やや意外な取り合わせとでも言えようか。

3　転機としての辛亥革命

支那通総動員

一九〇八（明治四一）年、坂西は顧問の応聘契約満期となり、ヨーロッパ視察を命じられた。翌年袁世凱は、光緒帝《こうちょ》と西太后《せいたいこう》の死去にともない失脚する。坂西が中国の舞台に再登場するのは、一九一一（明治四四）年、辛亥革命が勃発し、遠ざけられていた袁世凱が政権に復帰したときであった。ヨーロッパ出張から帰って連隊長を務めていた坂西は、袁に接触するため北京に派遣されたのである。

当時中国には、四度目の公使館付武官を務め少将となっていた青木宣純、彼を補佐する北京駐在の斎藤恒《さいとうひさし》（10期）のほかに、武昌に寺西秀武、上海に本庄繁《ほんじょうしげる》（9期）などがおり、広東にも軍学校に日本人教官がいた。おそらく彼らだけでは事態の目まぐるしい展開を十分にフォローするのが困難と判断されたのだろう。革命動乱の急速な波及に驚いた陸軍は、現地の情報を直《じか》に収集するため、坂西のほかにも少なからぬ数の支那通を中国各地に派遣した。

稲葉正夫氏によれば、一九一一年一二月までに北京、済南、南京、長江沿岸、福州などに情報収集のため支那通軍人が派遣されている。前述したように、これがいわゆる「駐在武官」へと発展してゆくことになる。これに加えて、一年半にわたるヨーロッパ出張から帰国したばかりの佐藤安之助も、長江沿岸および南清に派遣された。二度目のイギリス大使館付武官を務めたあと旅団長となっていた柴五郎も上海、南京、漢口に派遣されている。まさに支那通軍人が総動員され、中国各地に派遣されたのである。

革命をめぐって

革命初期、日本政府も陸軍中央も清朝の存続を望んだが、坂西は現地の実情を観察して、清朝は「もう駄目だ」と判断したという。その頃、革命の展望をめぐっては、漢口駐在の寺西中佐と陸軍中央との間でも意見の衝突が生じていた。かつて寺西は袁世凱の聘に応じて約五年半、保定で軍学校教官を務め、一時帰国したのち、今度は湖広総督の招聘により武昌で軍学校教官をしていたが、そこで革命に際会したのである。

寺西の回顧談によれば、いわゆる武昌起義が通常の反乱とは異なり革命として長江一帯に波及する可能性を報告すると、当初参謀本部では、寺西は発狂したか、とまったく耳を貸さなかった。その後事態の深刻さに気づいたあとも参謀本部は、彼が黎元洪《れいげんこう》や黄興《こうこう》を指導者とする革命軍を後援していることを、情報収集のために必要とはいえ、あまり快くは思っていなかったようである。寺西は政府軍に対する抵抗を長期化させるために革命軍への武器援助を具申したが、その意見は採用されなかった。この頃、柴少将が長江沿岸に派遣されてくるが、これは寺西の行動を抑制するためだったとも言われる。やがて日本政府は、革命派が主張する共和制の樹立を支持せず、清朝を温存した立憲君主制の採用によって事態収拾をはかる、との方針を打ち出す。この方針を指示する電報を上海で寺西に突き付けたのが本庄繁であった。寺西は、革命軍援助を断念し、軍職を去ることを考えたが、思い直して帰国することになった。

革命派への支援

実は、寺西の行動にストップをかけた本庄少佐も革命軍援助の方向に立ち回っていたのである。黒龍会から革命支援のために派遣された北一輝《きたいっき》によれば、本庄は、革命軍の武器購入の仲介をしてやり、軍事情勢に関する情報や関連地図を北に提供した。革命派が上海の江南機器局（兵器製造所）占領に成功したことには、本庄の協力もあずかっていた。革命当初、陸軍中央の方針が一定せず動揺していた頃、本庄は個人の判断で動いていたようである。北は、革命勃発にともない長江沿岸に派遣されていた井戸川辰三も、革命軍援助に動くと期待していた。黒龍会と参謀本部あるいは井戸川中佐個人との間に何らかの黙契《もっけい》があったのかどうか、よくはわからない。ただし本国の方針が清朝温存に固まったあと、本庄も井戸川も、少なくとも表立った援助は控えるにいたった。

革命軍の指導者に祭り上げられた黎元洪の下には、軍事顧問の先駆けだった大原武慶が馳せ参じてその幕僚を務めたと言われるが、彼はそのときすでに予備役に入っていた。寺西が軍服を脱ぐことを考えたというのは、おそらくそうしなければ革命軍を直接援助できなかったからだろう。しかし、寺西や本庄あるいは井戸川が、革命に対する共感だけで革命派への援助を考えていたとは思われない。当時、中国の将来については、北方に清朝が生き残り、南方には一つないし二つの革命政権が生まれるだろう、との天下二分あるいは三分といった予想が立てられていた。革命派への援助も、それを通して新興革命勢力に日本の影響力を植えつけようという、遠大な構想に基づく部分が大きかっただろう。

満蒙挙事

一方、北京では、清朝に見切りを付ける坂西の判断とは異なり、その温存をはかろうとする動きが始まりつつあった。その中心に位置していたのが典型的な大陸浪人、川島浪速《かわしまなにわ》である。革命勃発当初、参謀本部は多賀宗之を北京に派遣し、川島と連絡して清朝宮廷の内情を探るよう指示していた。川島は、北清事変後に北京警務学堂の監督を任されて清国警察の人材養成にあたり、それを通して粛親王《しゆくしんのう》など清朝皇族の信頼を得ていたのである。粛親王は、革命派との妥協によって事態を収拾しようとする袁世凱に対抗して、清朝の存続をはかるために結成された宗社党《そうしやとう》なる反袁グループのリーダーであった。しかし、やがて清朝の没落は必至となる。かくして川島は、清朝発祥の地、満蒙に清朝皇族を迎え入れて中国本部から分離独立させ、これを日本の実力下に抱え込もうとした。この隠密の政治工作に支那通軍人が同調し協力したのである。川島に協力して満蒙独立計画を推進したのは高山公通であった。川島と高山の連繫によって、粛親王は清朝滅亡直前に北京から旅順《りよじゆん》に脱出した。また、満蒙独立の実働部隊として働くべき蒙古王族に挙兵をうながすため、彼らに借款《しゃっかん》を供与する構想が進められた。借款の担保として鉱山採掘権のような権益を獲得し、貸した金を武器購入など挙兵費用にあてるとの計画も練り上げられた。

頓挫

こうした動きに呼応して、参謀本部は一九一二年二月、守田利遠を満洲に派遣して東部内蒙古の情報収集にあたらせ、高山には清朝皇族の動静を見守らせることになった。さらに、多賀少佐は内蒙古情報の収集にあたることを命じられた。貴志彌次郎も参謀本部員のままで満洲に出張してきた。このように参謀本部は、満蒙独立あるいは東部内蒙古進出、そして対ロシア牽制のために、支那通たちを現地に張り付けたのである。

しかしながら、満蒙独立計画自体は、粛親王の満洲亡命だけでストップする。蒙古挙兵も実現できなくなる。川島と高山大佐は、本国からの命令と現地領事館の監視によって事実上活動を封じられてしまった。以後は、多賀少佐が中心となり、蒙古王族へ借款を与え武器を供給することが活動の主体となった。そうすることによって日本の影響力を増大させ、利権を獲得し、今後の協力関係の足がかりを築こうとしたのである。

だが、これもそれほど簡単ではなかった。日本製の武器は価格が高いが質はロシア製に劣るとの苦情が出た。蒙古王族のなかにはロシアに接近する者や袁世凱に買収される者もあった。そのうえ、内蒙古までの隠密の武器輸送がかなり困難であった。同年六月、ようやく武器は内蒙古近くまで運ばれたが、そこで奉天軍巡防隊の攻撃を受け、多くの死傷者を出し、武器も処分せざるを得なかった。

理想主義と権益拡張と

こうして第一次満蒙独立運動（一九一六年に同種の画策が再度試みられるので、それと区別するためにこのように呼ぶ）は失敗に終わった。これは必ずしも出先の支那通軍人たちの独断専行ではなかったが、注目されるのは、そのことよりもむしろ、彼らが情報収集にとどまらず、いわゆる謀略（秘密の政治工作）に進んで関与し、日本の影響力や権益拡大というむきだしの利益追求に甘んじて従事していたことであろう。日露戦争によって満洲に巨大な権益を築いたことが、支那通軍人たちの行動に微妙な影を落としていた。かつての「東亜保全」論にあった理想主義あるいはロマンティシズムが消え去ったわけではない。ただ、それ以上に、権益の維持・増進、影響力拡大といった現実的利益が前面に出てきたのである。かつては「東亜保全」のために清国の改革ないし革命が必要不可欠と見なされ、それゆえ日本はその改革・革命を援助しなければならないと説かれた。しかし、実際に革命が起こったとき、一部の支那通たちが目指したのは、革命への同調や援助ではなく、その状況を利用した権益拡張・勢力拡大であった。

日本の満蒙進出は、革命に乗じたロシアの蒙古進出やイギリスのチベット進出に対抗するという点で「東亜保全」に合致するとされた。日本の勢力拡大こそ「東亜保全」をもたらす、と合理化・正当化されたのである。こうして「東亜保全」論は、日本の権益拡張、勢力拡大のための論理となってゆく。

第二章

中国軍閥と支那通

中国服の坂西利八郎（『秘録　土肥原賢二』）

1 情報の「前線基地」・坂西公館

袁世凱との密着

辛亥革命後、中国は混沌とした状況におちいる。国内が事実上分裂し、各地に軍閥が割《かっ》拠《きょ》する。陸軍支那通は、これら軍閥との結びつきを通じて、日中関係に微妙な影響をおよぼしてゆく。

よく知られているように、辛亥革命の帰趨《きすう》を決したのは袁世凱の行動である。革命を鎮圧するために清朝の要請に応えて政治の舞台に復帰した袁は、清朝と革命派との間で巧みに身を処し、清朝の滅亡に引導を渡しただけでなく、孫文《そんぶん》から革命政権の大総統の職を引き継ぐことになる。

この袁世凱に密着したのが坂西利八郎である。坂西は、多くの支那通が関与した満蒙独立運動から距離を置いていた。袁がこの運動とは対立的立場にあったからである。他方で坂西は北京駐在公使伊集院彦吉《いじゅういんひこきち》と袁世凱との間の非公式チャネルを務めている。つまり、両者が直接会見するとき以外に、公使の質問や要請を袁に伝え、袁の回答や見解を公使に伝えるという役割を、坂西は陰で演じたのである。袁世凱の政治的比重が高まるにつれ、その信頼を保持し彼とのコミュニケーション・チャネルとして働く坂西の存在はさらに重要性を帯びた。伊集院が公使の職を去ったのちも、坂西が袁と北京駐在日本公使との非公式チャネルとして機能することに変わりはなかった。

一九一二年、坂西は大佐に昇進し、その後十数年にわたって北京に駐在する。大総統府顧問として少将、中将へと進み、一九二七年予備役に編入され帰国して貴族院議員となるまで、北京に駐在したのである。青木の職歴は公使館付武官はじめ出先のポストで一貫し、陸軍中央の要職とは縁がなかったのだが、坂西の場合はさらに徹底し、支那通としての道を歩み始めてから、その職歴のほとんどは応聘将校、つまり軍事顧問についやされている。彼の住居は坂西公館と呼ばれ、公使館付武官室とは別個の、陸軍による情報収集と対中国政策実施の拠点となった。

彼がこのような役割を演じることができたのは、言うまでもなく、袁世凱から厚い信頼を寄せられたことに出発点があった。袁の死後も、北京政権を牛耳《ぎゅうじ》った北洋軍閥系の指導者との密接な関係が、大きな意味を持った。ただし、これを逆から見れば、中国側にとっても坂西は利用価値があったということになるだろう。袁が彼を厚遇したのも、坂西を日本、とりわけ日本陸軍とのパイプ役として利用することにねらいがあったからだと考えられる。袁世凱は、列国との関係をうまく切り廻してゆくうえで正規の外交ルート以外のチャネルを多用し、そのために外国人顧問を使ったと言われる。坂西はその一人だったのである。

第二革命の混乱

辛亥革命後しばらくの間、中国の政治は袁世凱を中心として動いてゆく。一九一三（大正二）年、初めての総選挙で国民党が大勝すると、袁は国民党に対する対決姿勢を強め、その若き指導者、宋教仁《そうきょうじん》を暗殺したうえ、国民党系の都督《ととく》（地方軍事長官）を免職・左遷した。こうして、袁の北京政府に対するいわゆる南方派の武力抗争（第二革命）が開始された。

第二革命の過程では、日本軍人が監禁・暴行を受けたり（兗州《えんしゅう》事件、漢口事件）、日本人商店が掠奪を受け数名殺害されるという事件が起きている（第一次南京事件）。加害者はいずれも政府軍（北軍）であった。事件の背後には、日本が革命軍（南軍）寄りと見られたため、それに北軍兵士が憤激していたことがあったと言われる。このとき日本では、中国に対する強硬論が唱えられ、外務省政務局長阿部守太郎《あべもりたろう》が二人の右翼青年によって暗殺されるという事件が起きた。南京事件等の善後処理に対する憤激が暗殺の動機であった。

阿部は生前、中国政策に関する長文の意見書を提出していた。そのなかに外交の統一を強く訴えた部分がある。外交は外務省が統一し、陸海軍は政府の方針に矛盾する行動を取らぬよう、現地の出先機関に周知徹底すべきであり、とくに「従来参謀本部軍令部等より支那各地に公然又は内密に派遣せる将校」に強く指示することが急務である、と阿部は述べた（『日本外交年表竝主要文書　上』）。おそらくこの批判は、辛亥革命勃発時に中国各地に派遣された将校たちの行動に向けられていたのだろう。

政府の支那通不信

第二革命が発生したときにも、政府では陸軍の出先に対する不信が表明された。首相の山本権兵衛《やまもとごんべえ》は、中国南部での陸軍軍人の行動は列国の疑惑を招くおそれがある、と述べた。出先の軍人たちから、南方派を援助すべきだとの議論が出ていたことが、山本首相の懸念を誘ったのだろう。実際、公使館付武官の青木は南方派を新興勢力として有望視し、日本としては袁世凱ではなく南方派と提携すべきだと主張していた。山本首相は青木武官の召還を言い出したほどである。出先の軍人の行き過ぎた行動を抑えるため、柴五郎が現地に派遣された。柴はいつも止め男である。

南方派援助論は青木や出先の軍人たちだけの見解ではなかった。当時参謀本部では、袁世凱に対抗する勢力を援助し袁政権を弱めることが、日本の勢力を拡張するために有利だとする見方が有力だったのである。山本首相の懸念は、そうした陸軍の動向に気づいていたためだったのかもしれない。

しかし、このとき山本首相が懸念したようなことは起こらなかった。南方派援助論は唱えられても、実際にそれを実行する動きは見られなかった。第二革命はわずか五〇日あまりで簡単に鎮圧され、黄興、孫文など南方派の首脳は日本に亡命した。第二革命は、袁世凱の強さを見せつけただけであった。なお、のちの冒険小説家、当時は支那通を目指していた山中峯太郎《やまなかみねたろう》(19期)が、陸軍を一年休職し中国語の実地研究を名目として中国に渡ったのは、この第二革命のときである。山中は、江西省の李烈鈞《りれっきん》が指導していた革命軍事行動の渦中に飛び込んだ。李烈鈞をはじめ革命派の指導者には、日本の陸士への清国人留学生が数多く含まれており、山中は陸士時代に彼らと親交を結んでいたという。山中の行動は、隣国の「革命」に対して支那通軍人が抱いたロマンティシズムを示す典型的な例と言えよう。

坂西の「支那併呑論」

第二革命のとき坂西がどのような行動をとったのか、よくはわからない。ただ、のちの彼の主張から考えて、南方派援助を唱えなかったことだけはたしかである。彼は、袁世凱政権を弱体化するのではなく、それを親日的方向に誘導することによって日本の勢力を伸ばそうとする立場であった。その意味でも彼は袁世凱に密着していたのである。

しかし、だからといって、坂西がつねに中国政府のためをはかっていたとは限らない。

彼は、一九一五年、悪名高き対華二十一カ条要求をめぐる交渉が最終段階にさしかかったとき、ある書簡で、何と、中国併呑《へいどん》論を論じたことがある。第一次世界大戦の発生で欧米列国が東アジアをかえりみる余裕がないことに乗じて、いずれは実施しなければならない「支那併呑」をこの際に断行すべきだ、というのである。「支那愚民」は支配者が満洲族の清朝であろうと、漢族であろうと、善政さえ布《し》いてくれれば構わないので、日本が統治しても大した面倒は起きないだろう、と坂西は述べている（『坂西利八郎書翰・報告集』）。

この主張がいったいどの程度真剣な議論だったのか、判断のわかれるところであろう。どうも、日本政府の対華二十一カ条要求の交渉に対する批判が、坂西にこのような過激な議論を吐かせたように感じられる。むろん坂西は二十一カ条要求そのものに反対したのではない。彼は要求全部を中国に受け入れさせることを主張したのであり、交渉の最終段階で、日本政府が要求の一部を取り下げたことに激しく反撥《はんぱつ》したのである。坂西によれば、政府はイギリスの抗議に屈して対華要求の一部を取り下げたと見なされた。本来ならば「支那併呑」すら実施すべき絶好のチャンスなのに、イギリスの脅しに屈するとは何ぞや、というのが坂西の言いたかったことではないだろうか。

保護と威圧

それはともかく、この問題をめぐって坂西が憂慮したのは、日本がイギリスの圧力に屈したと見られることが、中国の日本に対する「軽侮心《けいぶしん》」「蔑視的態度」を生み、それが今後の日中関係に多大の障害をもたらすだろう、ということであった。

これは坂西だけに限られた見方ではない。対中政策に関して彼としばしば見解を異にした青木宣純でさえ、要求が貫徹されなければ「支那は益々《ますます》増長し、我《わが》帝国の面目威厳は愈々《いよいよ》低落して今後の対支関係の改善さるる理由も、東洋の覇者とか支那の指導など一の空言《そらごと》に終るべし」と主張した（『上原勇作関係文書』）。高山公通も、「保護し指導し誘掖をなすに先だち一大威力を眼前に提示することの支那人に必要なる」所以《ゆえん》を論じている（同右）。

彼ら支那通軍人たちは、欧米が中国に干渉しその実権を握ることを極力阻止しようとした。彼ら一流の東亜保全論である。ただし、彼らにあっては、中国があくまで日本の保護下に入ることによってこそ、東亜保全が成り立つのであった。そして中国を保護するためには、日本の力を見せつけねばならなかったのである。のちに坂西は次のように述べている。日本の中国政策の根本は、「支那は日本に頼らざれば何事も順当に行い得ざるものなりとの観念を国民に刻み込む」ことである、と（同右）。

排袁政策

袁世凱には、清朝を裏切り革命をも裏切った権力の簒奪者《さんだつしゃ》というイメージが強い。そのイメージをさらに強めたのは彼が皇帝になろうとしたことである。袁は帝制移行のための布石を着々と打ちつつあったが、これに対し、一九一五年末、雲南《うんなん》の独立宣言を皮切りとして武力抵抗が始まり、帝制反対の動乱は全国に広まる勢いを示した（第三革命）。

このとき日本政府は、袁世凱に帝制延期を要請し、さらに彼を失脚させようとする政策を採用してゆく。坂西は、いくら延期させても帝制は早晩実現するのだから、延期要請は袁との関係をこじらせるばかりで得策ではないと説いたが、雲南の挙兵後、陸軍中央は参謀次長田中義一《たなかぎいち》（旧8期）の下で、排袁政策に踏み切っていった。

現地の支那通の間でも坂西の主張は少数意見であった。公使館付武官を退いたあと年末に参謀本部付として上海に派遣された青木宣純は、現地の帝制反対運動の強さを報告してきた。彼がかねてから南方派支持であったことは先に見たとおりである。上海には青木の補佐役として松井石根《まついいわね》（9期）が派遣され、そのまま上海駐在武官となった。

一方、湖北督軍顧問として再び武昌に駐在していた寺西秀武は、大戦の発生によって中国が重大な影響を受けつつあるとき自由に行動するには現役軍人でないほうがよいとし、自ら望んで予備役に入ったが、やはり民意は帝制反対にあることを伝え、袁との妥協には絶対反対を訴えた。帝制反対の狼煙を挙げた雲南軍には、軍事顧問として山縣初男《やまがたはつお》（12期）が派遣された。雲南軍の指導者、唐継堯《とうけいぎょう》や蔡鍔《さいがく》は日本の陸士出身であった。済南駐在武官の貴志彌次郎は山東省の反袁運動を援助した。

満洲では、またぞろ川島浪速と宗社党が帝制反対運動に乗じて満蒙独立を画策していた。一九一六年春、参謀本部はこれを指導するため土井市之進らを派遣した。ここに始まったのがいわゆる第二次満蒙独立運動である。排袁政策を採用した大隈重信《おおくましげのぶ》内閣も、一時は川島の画策を黙認するかのようであった。

しかし、現地では満洲の実力者に伸し上がりつつあった張作霖《ちょうさくりん》を推すグループと、宗社党を支持するグループとの間に抜き差しならない対立が生まれ、張作霖の命を狙った爆弾テロ事件が起きるほど、両者の対立は尖鋭化した。事態の深刻化を救ったのは袁世凱の突然の死去である。もはや、あからさまな内政干渉を行なってまで排袁政策を継続する必要はなくなったのである。

北京政局の混迷

袁世凱が急死したとき、訃報を聞いた坂西は「顚覆《てんぷく》の如く」（天地がひっくり返ったように）感じたという（『坂西利八郎書翰・報告集』）。生前、袁の要請で山東省に出張した坂西は、反袁運動を援助する日本人から「袁探《えんたん》」（袁のエージェント）と呼ばれ、命を狙われたこともあった。しかし、袁の死後も、坂西の北京駐在の意義は失われなかった。坂西が予想したとおり、袁の死後、実権を握ったのは彼に連なる北洋軍閥で、彼らと坂西との関係は以前から緊密だったからである。

袁世凱は、坂西が評価していたように、良きにつけ悪しきにつけ強力な指導者であった。彼が世を去ると、彼に匹敵する実力を持った指導者はいなくなった。そのためもあって、中国の内政は千々《ちぢ》に乱れ、混迷の度を増してゆく。統一と中心を欠く中国と安定した関係を築くことは、以前にもまして困難となった。

袁世凱の跡を継いで大総統に就任したのは黎元洪《れいげんこう》だが、実権を握ったのは国務総理（首相）の段祺瑞であった。やがて第一次大戦への参戦問題をめぐって、これに積極的な段祺瑞と消極的な黎元洪との間に緊張が高まり、一九一七年五月黎元洪は段祺瑞を免職し、安徽督軍・張勲《ちょうくん》の力を借りようとした。ところが北京に入った張勲はクーデターを行なって清朝の復辟《ふくへき》をはかる。これに対し段祺瑞は挙兵して張勲を追放し、辞職した黎元洪に代えて馮國璋を大総統に据えた。こうして、混迷をきわめていた北京の政局もようやく段祺瑞の実力下に収まったかに見えたが、彼と馮國璋との間は必ずしもしっくりとはゆかず、安定性を欠いた状況がつづく。

援段政策

政権を掌握した段祺瑞は、実力によって南北統一を強行しようとし、南方の軍閥たちの抵抗を招いた。一方、馮國璋は段の強引な対南方策に同調せず、南方派との妥協を画策する。そして、これに応じた直隷督軍・曹錕《そうこん》らの圧力により、一一月段祺瑞は失脚してしまう。彼に代わり王士珍《おうしちん》が国務総理となるが、南方派の攻撃は止まず、北方派では対南方主戦論が高まって、翌一九一八年三月段祺瑞が国務総理に復帰する。何とも目まぐるしい政局の変転であった。

こうしたなかで坂西は、一貫して段祺瑞への援助を主張する。彼は段政権に対する借款の供与、いわゆる西原借款《にしはらしゃっかん》を積極的に支持してゆく。事実、首相寺内正毅の腹心、西原亀三《にしはらかめぞう》が借款契約を交渉する際、中国要人との仲介者の役割を果たしたのが坂西であった。坂西は北京での交渉の窓口でさえあった。坂西を本国に召還せよという外務省の一部から出た要求は、西原によって抑えられた。正統政権としての段政権に援助を与えて同政権を強化し、それとの提携を通じて日本の勢力の伸長をはかろうとする寺内内閣の方針は、坂西の主張に合致するものであった。坂西は、段祺瑞の武力による南北統一を全面的に支持した。

南北妥協をめぐる対立

援段政策について、支那通軍人がみな賛成であったわけではないようである。坂西と同じく大総統軍事顧問に就任していた青木宣純は、次のように反対を唱えている（『上原勇作関係文書』）。北洋軍閥の流れをくむ段祺瑞に援助を与えることは、「支那の政治的進歩を目的とする新進者」を圧迫し、世界に流行する自由主義の抑圧者を助けることになり、今日の時勢に適するかどうか疑問である。また、日本と経済的関係の深い南方諸省を抑圧することになろうし、一時的に南方派を抑えても、混乱が収束するとは思えない。「支那人は利己心のみに駆られ国家の利害を顧《かえり》みるものにあらず、彼等のみにては到底《とうてい》満足に国家を統治し得る見込みなきを以《もっ》て」、日本は列国の了解を得たうえで、中国の南北両派に譲歩と妥協を勧告し、それが入れられず混乱が続くようであれば、断乎として威力干渉を行なって妥協を強制し、その後も中国の内政に干与して内政改革を推進すべきである、と。

青木の議論は、南方派を評価し南北妥協を勧告する点で一見穏健であるように見える。しかし、その穏健な主張は、中国人には統治能力がないという悲観論に支えられていた。これに対して、坂西は北洋軍閥への援助という一見反動的な主張を展開しながら、実力を持った者による中国統一の可能性を認めていたように思われる。両者に共通していたのは、大戦後に予想される欧米との競争に備えて、日本の利益を守るために内政干渉を躊躇《ちゅうちょ》してはならない、ということであった。この点で、二人とも東亜保全論者ではあった。

青木と違って坂西は、南方派への共感を持ち合わせてはいなかった。「段祺瑞と言えば直《ただち》に軍閥の親玉にして、民本主義の仇敵なるが如《ごと》く解し、……南方派の議論なりと言えば直に支那の輿論《よろん》なり、之《これ》を尊重せざれば帝国の支那に於《お》ける利益は忽《たちま》ち消滅するが如く感ずる人頗《すこぶ》る多く存在する」が、これは中国の実情を洞察していないに等しい、と坂西は断じている（『坂西利八郎書翰・報告集』）。

坂西は青木の言う南北妥協に反対した。もちろん彼は中国の統一に反対したのではない。政権の正統性（法統）をめぐる南北両派の主張のへだたりがあまりにも大きいので、妥協は非常に困難だろうし、しかも南方派なるものがけっしてまとまりのある勢力ではなく、すぐ分裂する危険性を内包している、と坂西は判断したのである。彼は、日本が妥協を勧告すれば、それですぐ南北の平和的統一が実現する、と考える人々を厳しく批判した。青木と坂西という代表的な支那通の間で、見解は二つに分かれたのである。

青木と坂西

従来から青木と坂西は、同時に北京に勤務する機会が多かった。つまり青木は公使館付武官として、坂西は袁世凱顧問としてである。したがって二人が同時に中国政府の軍事顧問として勤務するのはこのときが初めてであった。かなり見解の異なる二人が、どのようにして軍事顧問として棲み分けていたのかは、なかなか興味深いところである。

坂西が作成した仕事の分担案によれば、軍事顧問の職務は研究部と情報部に二分され、前者は青木邸に、後者は坂西邸に設けることになっている。研究部は大総統の諮問《しもん》に応えるための研究を行なう部門、情報部はその研究のための情報・資料を収集する部門とされ、前者が言わば軍事顧問の表《おもて》の顔ということになるが、より重要なのが後者であることは明白である。両部門の業務とも青木中将の指示に従う、と青木を立ててはいるものの、実際に業務を指導し管掌するのは坂西大佐であった（『陸軍省密大日記』大正六年第二分冊）。なお、研究部の補助官には岡村寧次が、情報部の補助官には陸士同期の土肥原賢二（16期）が予定された。二人とも次世代の支那通の代表的存在となる軍人であった。なかでも坂西は土肥原に最も嘱望していたようである。実際、その後、坂西の跡を継ぐ者は土肥原だと言われるようになる。

坂西の不満

坂西が統一実現に向けて最も期待をかけたのは、大戦に参戦する場合の兵力として創設され日本の借款によって維持されていた参戦軍三箇師である。これを、軍閥の利害や思惑によっては動かない、国軍の中核として育成してゆけば、北方派の統一はもちろん、南北統一さえ実現できる、というのが坂西の構想であった。実際、彼は参戦軍の編成や教育訓練に直接たずさわり、並々ならぬ熱意と努力を傾けた。

しかし他方、彼が推進した援段政策は行きづまった。陸軍においてさえ、段祺瑞による武力統一よりも南北妥協のほうが実現可能性が高い、とする見方が大勢を占めつつあった。シベリア出兵にともなう米騒動によって寺内内閣が崩壊すると、つづいて登場した原《はら》内閣は援段政策を放棄して非干渉政策を採用し、列国とともに南北妥協を中国に勧告した。中国では一九一八年一〇月大総統に徐世昌《じょせいしょう》が就任、段祺瑞は国務総理を辞任し、両者の間に暗闘が始まった。翌年二月上海で南北妥協会談が開かれたが、交渉は進捗せず決裂してしまう。

のちに坂西は、辛亥革命後自分の意見はつねに受け入れられなかった、と述懐している。たしかに、反袁政策や南北妥協への反対は受け入れられなかった。しかし、彼の情報や分析が尊重されなかったり、政策の基礎として活用されなかったわけではない。実際、一時帰国したときに坂西は原敬《はらたかし》首相の要請により、南北妥協の見通しについて閣議の席で現地報告を行なっている。その結果がどうであれ、首相との会見の機会が設けられたり、閣議での報告の機会が与えられたことは、彼の支那通としての情報と観察と分析とが政治指導者からも重視されていたことを、端的にものがたっていると言えよう。なお、坂西のほかに、青木や佐藤安之助も原首相との会見や閣議での報告の機会を与えられている。

おそらく、坂西の意見が全面的に受け入れられるということはなかっただろう。政策決定者からすれば、坂西の情報分析には北方派の動きを重視するというかたよりがあり、それだけで中国政策を決めるわけにはゆかなかった。また、中国の動向だけを見て、列国の反応を見極めずに、中国政策を決めることも許されなかったからである。

坂西の述懐には、自分の主張が採用されていれば日中関係はこれほどこじれなかったはずだ、という意味も込められていたかもしれない。しかし、それはむしろ、中国の事態が自分の予想や見通しのようには進行していないことに対するいらだちであった、と見ることができよう。

坂西公館の遺産

北京の坂西公館は、中国情報に関する最大の前線基地であった。北方派の要人は、日本陸軍の意向を探るため、あるいはそれに何らかの影響をおよぼすために、坂西に接触した。坂西はそうした接触を通して機微にわたる中国の内部情報をつかんだ。ただし、多くの場合その情報は、量的にも内容の点でも北方派にかたよることが避けられなかっただろう。

坂西公館は、そこに次世代の陸軍支那通が身を寄せていたことでも注目される。先に挙げた岡村寧次や土肥原賢二のほかにも、たとえば多田《ただ》駿《はやお》(15期)、板垣征四郎(16期)、岩《いわ》松義雄《まつよしお》(17期)などが坂西公館に身を置いて、中国スペシャリストとしての実務経験を積んだ。そして、坂西の情報収集の技術や分析の視点は、土肥原はじめ坂西公館の住人たちに受け継がれてゆくのである。

坂西は中国への内政干渉を拒まなかった。事実、彼は北京政府要人の間の派閥争いで、しばしば一方の側に加担して日本の利益をはかろうとした。ただし坂西は、あからさまに政府転覆をはかるような謀略工作には関与せず、しばしばその種の工作を画策する者に不信の眼を向けていた。それは、満蒙独立運動や排袁工作などに対する彼の態度から、見て取ることができる。

坂西は袁世凱や段祺瑞など権力の中枢と結んだが、注目すべきは、これら彼が密着した相手は中国の中央政府、その時点での正統政権を代表する人物だったことである。武力によって正統政権の打倒をはかったり、武装反乱を教唆《きょうさ》煽動するのは、坂西の許容する干渉や謀略の範囲と程度を超えていたのである。

ところが、彼の後継者たちは必ずしもそうした謀略工作を拒否しなくなる。むしろ彼らは、少なくとも謀略に関する限り、坂西とは対極的立場に立つ支那通たちの系譜を受け継いでゆくのである。

2　張作霖の軍事顧問

中国の日本軍

当時中国には、日本の軍事顧問や駐在武官のほかに、よく知られている関東軍のように、平時でありながら日本軍の部隊が常駐し、そこに支那通が勤務することも多かった。このような部隊にはいくつかの種類があり、しかも時代とともに制度も変化しているので、ここで簡単に整理しておく必要があろう。

まず、支那駐屯軍である。これは北清事変最終議定書で、中国が日本を含む一一カ国に対し、北京の公使館区域ならびに北京と海浜間の鉄道を保護するため一二カ所に駐兵権を認めたことに根拠を置いている。当初は清国駐屯軍と呼ばれ、軍司令部を天津に置いていたので天津軍と呼ばれることもある。軍司令官には、支那通が起用される場合もあったが、列国軍司令官との協調・交際を考慮して、語学の能力を含む欧米経験が重視されたともいう。

支那駐屯軍の主な任務は、公使館と華北在留邦人の保護であったが、当然ながら華北の諜報活動にも従事していた。前述した第二革命時の兗州事件は、山東地方を「遊歴」中の支那駐屯軍将校が、携行していた護照（パスポート）不備のため北軍によって拘禁された事件である。

支那駐屯軍の規模は大きくない。辛亥革命時に一時増強されて約二五〇〇名となったが、一九一九年現在で約一〇〇〇名、その後減少して数百名となった。天津以外には、北京、山海関《さんかいかん》などに部隊が駐屯した。満洲事変後少しずつ兵力を増加し、一九三六年に二・五倍（約五〇〇〇名）に増強され二箇連隊編成となる。この増強により新たに北京郊外の豊台《ほうだい》に駐屯した部隊が一年後に盧溝橋《ろこうきょう》事件の当事者となってしまう。

次に、関東軍である。これは、日露戦争によってロシアから譲渡された関東州租借地と南満洲鉄道（満鉄）を守るための軍隊で、当初は軍事と行政を統括する関東都督の指揮下に置かれた。編成は独立守備隊六箇大隊と、内地から交代で駐劄《ちゆうさつ》する一箇師団から成っていた。

一九一九年、原内閣の下での制度改革により、関東都督は廃され、行政は関東庁長官が、軍事は関東軍司令官が担当することになった。在満日本軍、つまり駐劄師団と独立守備隊が関東軍と呼ばれるようになるのは、これ以降である。軍司令部は当初、旅順に置かれたが、満洲事変後、奉天に移り、さらに満洲国建国後は新京《しんきよう》（長春《ちようしゆん》）に移った。

関東軍は本来「北向き」の軍隊で、対露（対ソ）戦に備えたものだが、在満権益保護のため満洲の政治状況、またそれと関連する中国本部の政治状況にも関心を持つようになってゆく。張作霖《ちようさくりん》が満洲の実権者となってからは、とくにそうである。支那通軍人が関東軍の要職に就いているケースが多いのは、そのためだと言えよう。

第三に、漢口派遣隊にふれておく必要があろう。辛亥革命時に、日本は領事館および居留民保護と利権擁護のために、北京と漢口に部隊を派遣した。北京に派遣された部隊は北京駐屯歩兵隊として支那駐屯軍の一部となり、漢口に派遣された部隊が当初は中清《ちゆうしん》派遣隊、のちには中支《なかし》那《な》派遣隊、通称漢口派遣隊と呼ばれるようになったのである。兵力は一箇大隊程度に過ぎない。

規模は小さいが、その任務は周辺地域の諜報も含んでいる。第二革命のときの漢口事件は、漢口派遣隊所属の将校が偵察のため北軍駐屯地に近寄り過ぎたのが、暴行を受けた原因であった。一九一三年末の時点で、漢口派遣隊の諜報担任区域は安徽、江西、河南、湖北、湖南、四川、貴州の各省に加えて青海《せいかい》、西蔵《せいぞう》（チベット）にも及ぶ広大な地域とされている。

　のちに満洲事変を引き起こして有名となるコンビ、板垣征四郎と石原莞爾《いしわらかんじ》（21期）は一九二〇年、約一年間この部隊に同時に勤務している。板垣は、支那通となるために陸大に入り、雲南省の昆明《こんめい》に二年ほど駐在したあと、漢口に移ってきていた。なお、一九二二年に日本はワシントン会議で、この漢口派遣隊とシベリア派遣軍の撤兵を発表することになる。

漢口時代の板垣征四郎（中央）と石原莞爾（左）（板垣征四郎刊行会編『秘録板垣征四郎』）

　最後に、青島《チンタオ》守備軍である。一九一四年、第一次世界大戦に参戦した日本は、東アジアにおけるドイツ勢力の拠点、青島を攻略し、その利権鉄道、山東鉄道を占領した。そのあと占領軍として駐屯したのが青島守備軍である。青島攻略を担当し初代の軍司令官に就任したのは、清国派遣将校出身で明治の代表的支那通の一人、神尾光臣《かみおみつおみ》であった。青島守備軍は占領軍として軍政を担当するほか、山東省およびその周辺地域の情報収集にもあたった。なお、ワシントン会議で成立した山東問題に関する日中間の協定に基づき、青島守備軍は一九二二年末に撤退するが、その時点での規模は四箇大隊、三〇〇〇名に近かった。

どちらが利用されていたのか

陸軍支那通の行動を理解するためには、以上のような日本軍の存在を頭のなかに入れておく必要がある。それと並んで、彼らの活動の舞台を設定していた重要な要素が、中国の軍閥割拠《かっきょ》という状況であったことは言うまでもないだろう。陸軍支那通に関する先駆的研究のなかで、北岡伸一氏は次のように指摘している。中国に勤務する支那通たちはそれぞれ現地の有力者と親交を結び、その要求や利益を本国の陸軍中央に訴えるエージェントと化した。実際、支那通たちが現地の有力者を利用したというよりも、むしろ中国に割拠する軍閥や有力政治家が支那通を利用したのだ、と。

たしかに排袁政策の実施過程で、北京の坂西とそれ以外の各地の支那通たちとの間には、現状認識と対処策をめぐって深い亀裂が生じた。それは、個々の支那通の個性に由来するというよりも、それぞれが駐在する地域の特性、より正確に言えば、その地域の実力者の利害に由来するところが大きかった。したがって、そうした傾向は各地の駐在武官にも当てはまるとはいえ、軍閥の顧問の場合にはよりいっそう顕著であった。

軍閥の時代

では、軍閥とは何か。ごく単純に言えば、近代中国の場合、それは軍人指導者に率いられた私兵集団、もしくはその軍人指導者個人を指すものと考えられよう。この軍人指導者の力の基盤は、自らに忠誠を誓う軍隊、いわゆる私兵であった。そして自前で私兵を維持し拡張するには、つまり兵士に給与を支払い、装備を整え、軍費を調達するには、一定の地域を政治的に支配し、そこから税やその他のかたちで資金や必要物資を獲得しなければならなかった。こうして軍閥はそれぞれの支配地域をもって成立し、それゆえ地方に割拠することになる。また、軍閥間の抗争は、支配地域の争奪をめぐって繰り広げられるのである。

軍閥が地方に割拠し支配地域の税を収奪するとすれば、当然ながら地方から中央政府に送られてくる税は少なくなる。この時期の中央政府の弱体は、こうした税収の面での限界にも一因があった。参戦軍を維持するために借款に頼らざるを得なかったのは、このためである。原内閣時代に北京政府への借款供与が問題になったのも、このためであった。また坂西が参戦軍の育成に熱意を傾けたのは、それが軍閥の私兵ではなく国軍の母体となり、全国統一の核となることを期待したからであった。

ところで、一般に近代軍閥の先駆けとされるのは、これまで何度も述べてきたように、袁世凱率いる北洋軍閥だが、その死後これは段祺瑞をリーダーとする安徽《あんき》派と、馮國璋、曹錕、呉佩孚を指導者とする直隷《ちょくれい》派とに分裂した。さらに満洲では張作霖率いる奉天《ほうてん》派が擡頭していた。このように、北方では三派の鼎立《ていりつ》状態が生まれたが、この三すくみ状態に加えて、各派閥の内部にも勢力争いがあり、複雑な様相を呈していた。そのうえやっかいなことに、南方派にも、広西軍閥とか雲南軍閥といった有力な軍閥が存在し、さらに込み入った状況を生んでいたのである。

そうした軍閥間の抗争の渦のなかで、日本軍人の軍事顧問たちはどのように立ちまわったのか。軍事顧問は満洲だけに限られていたわけではないが、一九二〇年代にその活動が目立ち、しばしば批判の対象とされたのは、満洲の実質的支配者、張作霖に傭聘された軍事顧問である。以下では、張作霖との関わりに重点を置いて、その軍事顧問たちの行動を追跡してみよう。

張作霖との提携

もともと張作霖は緑林（俗に言う馬賊《ばぞく》）の出身だったが、帰順して官兵の営長（大隊長）となった。日露戦争中、ロシア側に物資や情報を供給していたとの嫌疑で日本軍に捕われたが、一命を許されて、日本陸軍との縁ができたと言われる。彼の命を助けたのは井戸川辰三であり、それを許可したのが上官の田中義一だったという。

その後、張作霖は急速に力を伸ばし、辛亥革命後には奉天都督の下で師長に任ぜられ、奉天省の実力者となる。一九一六年、帝制反対運動が高まると、張作霖は袁世凱が任命した奉天将軍（都督を改称）段芝貴を追放し、名実ともに奉天省の実権を握ろうとした。これを見た日本の出先機関の間では、反袁政策を進めるために宗社党と結ぶよりも、張作霖を押し立てて在満権益の保持・拡大をはかるほうが得策であるとの意見が生まれる。そして政府も陸軍中央もこの方針に転換をはかる。前述した第二次満蒙独立運動をめぐる現地の混乱が生じたのは、このときであった。

張作霖（太平洋戦争研究会『図説 満州帝国』）

袁世凱の死後、張作霖は奉天督軍（将軍を改称）に任ぜられ、名実ともに奉天省の実権者となる。彼の軍事顧問となったのは、菊池《きくち》武夫《たけお》（7期）と町《まち》野《の》武馬《たけま》（10期）で、いずれも張の前任者の奉天将軍から引き継がれた。菊池は辛亥革命のとき北京駐屯歩兵隊長を務め、第一次満蒙独立運動をひそかに援助したことがあった。町野は川島浪

張作霖と日本人顧問団。前列右より町野武馬、本庄繁、張作霖（NHK取材班・臼井勝美『張学良の昭和史最後の証言』）

速が監督した北京警務学堂の教官を七年あまり務めるという特異な経歴の持ち主で、彼も辛亥革命に反対し、革命の波及を阻止するため張作霖と策を練ったことがあるという。それは、川島や菊池らの満蒙独立運動とはまた別の策動だったようである。

張作霖はやがて東三省巡閲使に任ぜられ、その力は奉天省のみならず東三省（奉天、吉林《きつりん》、黒龍江《こくりゅうこう》の東北三省、いわゆる満洲）におよんだ。一九二〇（大正九）年、奉天に特務機関が設置され、その長に貴志彌次郎が任命されたのは、こうした張作霖の擡頭にうながされた動きであった。彼に与えられた指示の次のような冒頭部分が、そのことをよく示しているだろう（『陸軍省密大日記』大正九年第二分冊）。

東三省巡閲使張作霖の威望及び権勢は近年著しく向上し……三省内内政外交財政等苟《いやしく》も事の較々《やや》重大なる諸問題は悉く《ことごと》張作霖の指示を仰ぐの現況にして、輓近《ばんきん》中央政府と雖《いえど》も亦《また》容易に之《これ》を左右し能《あた》わざるものありて其《そ》の向背《こうはい》は支那政界に甚大の関係を有するに至れり。

同年、安徽派の段祺瑞と直隷派の曹錕との間に武力衝突が起きると（安直《あんちょく》戦争）、張作霖は曹錕に味方し、大兵を関内（中国本部）に入れた。張作霖の介入によって安直戦争は直隷派の勝利に帰し、張は中央政界に乗り出すきっかけを得る。

安直戦争

安直戦争で注目されるのは、中国の軍閥抗争と日本との複雑なからみ合いである。とくに、安徽派がコントロールする辺防軍（参戦軍の後身）をめぐる動きが興味深い。中国は従来、辺防軍を国内政争のためには使用しない、と日本に保証していた。しかし、辺防軍は安徽派の重要な権力基盤であったから、段祺瑞が直隷派との武力衝突にこれを使わないはずはなかった。坂西や青木は辺防軍の使用に反対したが、段祺瑞は辺防軍を戦闘に参加させ、直隷軍に敗れたのである。かつて辺防軍（参戦軍）を、軍閥の思惑によっては動かない近代的な国軍の中核に育てようとした坂西の期待は、二重の意味で挫折した。一つは安徽派の思惑によって動いたという意味で、もう一つは直隷派の軍閥軍に敗れたという意味で。

張作霖に密着していたはずの町野は、張の介入をその直前まで予測できなかった。それを予測できなかったばかりでなく、彼は安徽派の勝利を予想していた。安徽派の勝利を予想ないし期待していたのは町野だけではない。従来からの安徽派や辺防軍との深いつながりが、日本陸軍の客観的な情勢判断や分析を妨《さまた》げていた。

安直戦争に際して日本政府は「絶対不干渉主義」を標榜した。これは、辺防軍の日本人軍事顧問（応聘将校）にも適用され、辺防軍の行動には一切関与しないよう厳命された。安徽派からは再三援助の要請があったが、日本はこれに応じなかった。しかし、日本は一般に安徽派寄りと見られた。それは、これまでの辺防軍との関係のためであり、現地駐在の軍人や外交官の一部に安徽派を支持する向きがあったからである。

それ以上に、こうした日本のイメージを強めたのは、抗争する軍閥の行動であった。つまり、安徽派は、日本の援助があるかのように宣伝して、その立場を強化しようとした。一方、直隷派は、安徽派の対日依存を批判し、国内の反日世論を利用しようとした。中国の国内政争と対日関係との複雑なからみ合いが、政治的に無視できないレベルに達しつつあったのである。

張作霖に対する方針

安直戦争の結果、中国の内政はいよいよ混沌の度を加えた。陸軍の出先では、当面中国の統一は不可能との見方でほぼ一致した。他方、直隷派への加担によって張作霖が中央政界に進出したことは、日本にとってやっかいな問題を生み出した。たしかに、満蒙の権益を維持強化するために張との提携が有利であることは明らかであった。段祺瑞失脚後、中国全体での日本の勢力を維持強化するうえでも、張作霖との協調は望ましかった。町野に言わせれば、張作霖を利用し彼を日本に頼らせるようしむけることが肝要である、ということになる。張作霖の側でも、自らを段祺瑞に代わる存在として日本側にアピールした。町野は、張作霖の「天下取り」に共鳴していたという。しかしながら、張作霖の中央進出は、軍閥間の抗争を満洲にも引き入れる危険性を内包し、それゆえ日本の在満権益の維持に支障をきたすとも危惧された。

坂西は張に対する援助に慎重であった。また、安直戦争のあと現地の情勢を視察するため満洲に派遣された佐藤安之助は、張が満洲統治に専念する限り援助すべきではあるが、彼が中央に進出すれば列国との関係を難しくするだろう、と報告した。

かくして一九二一（大正一〇）年、原内閣は張作霖に対する方針として次のような政策を決定する。張作霖に対する援助は、張個人に対するものではなく、彼が満蒙の実権を掌握しているがゆえに与えるものであり、もし誰かが彼に代わって実権者の地位に立つならば、日本はこれと提携して相互の利益をはかることに努めよう。また、張作霖が中央進出の野心を遂げるため日本に援助を求める場合は、これに応じない、と。政府の方針としては、張作霖に中央進出を思い止まらせ満洲統治に専念させることになったのである。

第一次奉直戦争

こうした方針は間もなく現実の試練にさらされることになる。一九二二年、直隷派の実権を握った呉佩孚と張作霖との間に対立が高まり、一触即発の危機が生まれたからである。張作霖は呉佩孚との武力衝突に備え、武器供給を含む日本の援助を求める。軍事顧問の町野や本庄繁（菊池は一九二〇年に顧問契約満期となり、翌年から本庄がその後任となっていた）が北京の日本公使のもとに派遣され、援助要請を伝えた。張作霖は側近を日本の在満出先機関に派遣して、援助要請を繰り返した。

このような要請を受けて、在満の出先機関は、外務省側も陸軍側も張作霖援助を本国に訴えた。呉佩孚は反日的でその背後には英米の後押しがあり、もし張作霖が敗れることがあれば、中国での日本の勢力と影響力は大きく後退を余儀なくされるだろう、というのがその判断の根拠であった。

興味深いのは、北京に駐在する坂西が張作霖援助に反対したことである。彼は、呉佩孚の背後に英米の勢力があるとは見なかった。また、張作霖と呉佩孚との間に本質的な差があるとも考えなかった。張作霖に支援を与えるようなそぶりを示せば、彼の判断を誤らせて内乱を誘発し、中国における日本の地位にもけっしてプラスとはならない、と坂西は論じた。現地で張援助を唱えた人々が満洲という限定された地域から問題をとらえたのに対し、坂西はそれにとらわれなかった、と言うべきかもしれない。

政府の方針も、従来と変わらなかった。つまり、張作霖が満洲統治に専念する限りは援助を与えるが、中央進出を試みる場合には援助要請に応じない、としたのである。張作霖と呉佩孚との武力衝突が必至となると、外務省では、日本が不偏不党・公正中立を守るためには、町野大佐や本庄大佐、貴志少将を本国に召還するか、もしくは張作霖の軍事活動にまったく関与させないようにすべきである、との方針案が作成された。この案は成案とはならなかったものの、当時軍事顧問たちがいかに不信の眼で見られていたかをよく示すものと言えよう。

呉佩孚（『図説 満洲帝国』）

軍事顧問への不信と警戒

四月下旬、ついに奉直《ほうちょく》両軍は衝突した（第一次奉直戦争）。関内に入った奉天軍は当初、順調に進撃したが、やがて総崩れとなった。中国本部と満洲の境にある山海関で何とか踏み止まったが、そのとき奉天軍を指揮したのが本庄軍事顧問である。町野も退却戦の方法について張作霖に助言を与えた。奉天軍は関内から撤退し張作霖は東三省の自治を宣言した。一方、勝った呉佩孚は深追いせず、あえて満洲には軍を進めなかった。

この間、日本政府は中立・内政不干渉という方針を堅持しつづけた。現地が要請してきた張援助策を一貫してしりぞけた。そして政府は、その方針に反して張援助を再三訴え、しかも奉天軍の軍事行動に直接関与した軍事顧問に不信と警戒を強めてゆく。軍事顧問傭聘に関する次のような閣議決定の記録には、そうした不信と警戒がにじみ出ている（『日本外交年表竝主要文書　下』）。

中国の政変では必ず軍閥が主な動力となっており、その軍事顧問たる日本軍人が直接または間接に政変に干与する例は少なくない。一方軍閥もこれら顧問を利用しようとするので、政変があれば必ず顧問が活躍する。こうして、無責任な軍人の報告が陸軍の首脳を動かし、極端な二重外交を暴露してしまう。政府がいかに内政不干渉・不偏不党を声明しても、これら軍事顧問の行動のために、結局政府の政策は十分に遂行されない。軍事顧問の行動を見て、外国の世論は日本の真意を誤解し、あるいは各種無根の報道を誇張するので、政府はつねに外交上不利の立場におちいり、終始弁明に努めなければならず、国家にとっての損害ははかり知れないものがある。「最近奉直戦の際に於ける張作霖日本顧問武官の行動は正に其の適例たり」。よって今後は陸軍にこれまで以上の反省を求めねばならない、と。

第二次奉直戦争

中国の政局は流動的であった。張作霖は直隷派との再戦に備えて軍備を増強し、安徽派の段祺瑞、南方派の孫文とともに直隷派に対抗する三角同盟を結んだ。北京政府を牛耳った直隷派内部にも派閥対立が生まれ、いよいよ複雑な様相を呈した。一九二四年九月、浙江省と江蘇省の軍閥の間に武力衝突が発生（江浙《こうせつ》戦争）、安徽派系の浙江省の軍閥から援助を求められた張作霖は、直隷派討伐を声明した。こうして第二次奉直戦争が開始される。

前回の奉直戦争のときと同様に、張作霖は日本人軍事顧問を介して日本に援助を要請した。戦いが一進一退を繰り返して奉天軍に不利な状況におちいると、現地では陸軍側からも外務省側からも、在満権益を守り張作霖を援助するために何らかの措置を講じるべきだとする意見具申が相次いだ。日本国内では、政府の「無為無策」を批判する声が高くなった。しかし、外相幣原喜重郎《しではらきじゅうろう》は不干渉主義を堅持し、閣内でさえ唱えられた出兵を断平拒否しつづけた。

やがて、直隷派で戦いを指揮していた呉佩孚の部下、馮玉祥《ひょうぎょくしょう》がクーデターを敢行し、呉に反旗を翻した。呉佩孚は敗走、第二次奉直戦争の勝利は張作霖の手に帰した。日本の在満権益は守られ、幣原の不干渉主義も最後まで貫徹された。ところが、その不干渉主義を貫くことができたのは、実は日本陸軍の最も干渉的な行動のおかげであった。馮玉祥のクーデターの陰に日本軍人の画策があったのである。

クーデターの筋書き

一説によると、最初の筋書きを描いたのは寺西秀武である。すでに現役を退き住友合資会社の嘱託となっていた寺西は、奉天に張作霖を訪ねて段祺瑞との協力を説き、それから天津に飛んで段と協議し、馮玉祥を買収して寝返らせる計画を立て、段から張にそのための金を送るよう要請したという。

一方、本庄に代わって張作霖の軍事顧問となっていた松井《まつい》七夫《しちお》（11期、松井石根の弟）は、段から馮玉祥買収の要請が来ていることを聞き、金を出ししぶる張を説得して一〇〇万円出させ、その金を三井銀行奉天支店長から支那駐屯軍（在天津）司令官を経て段に送った。段から馮に金を渡すには、在外研究のため馮の本拠地の張家口《ちょうかこう》に駐在していた（のちに馮の軍事顧問となる）松室孝良《まつむろたかよし》（19期）も一役買ったと言われる。

このクーデターには、もうひとつの動きがある。当時大総統であった曹錕が自己の地位を保つためアメリカに援助を求めているとの情報を坂西がキャッチし、これを土肥原が日本陸軍の陸地測量部三角科を出た教育総長、黄郛《こうふ》に示したのである。黄郛は曹錕の陰謀をつぶすため、馮に蹶起《けっき》をうながしたとされる。

このような伝聞がどこまで真相をうがっているのか、いまだによくはわからない。また、すべて真実だとした場合、相互の間に連携プレーがあったのかどうかも、はっきりしない。ただ、陸軍支那通たちが馮玉祥の寝返りにからんでいたことだけは、どうも間違いないようである。そして、こうした干渉行為が、皮肉にも幣原の内政不干渉主義を支えたのであった。馮玉祥のクーデターに出先の軍人がからんでいることを、陸軍上層部は知って黙認していた。陸相宇垣一成《うがきかずしげ》（1期）は、幣原の不干渉主義貫徹に対する称賛を冷笑していた。

「天下取り」のゲーム

馮玉祥のクーデターには、もうひとつのエピソードが付随している。北京の紫禁城がクーデターに巻き込まれ、廃帝溥儀《ふぎ》が日本公使館に避難してきたことである。溥儀は張作霖に保護を求めてきたので、顧問の松井と町野（前年予備役に編入され私的顧問となっていた）が溥儀のもとに派遣された。二人は宮城に戻ることを勧めたが、溥儀はそれに動かされなかった。これが溥儀と日本軍人との接触の始まりである。

エピソードと言えば、町野が呉佩孚の救助をはかったというのも興味深い。町野は、以前から呉の人物を評価していたので、馮の寝返りによって窮地におちいった彼をここで失うのは惜しいと思い、彼に会見してすみやかな退却を勧告したという。張作霖に天下を取らせるために呉佩孚と孫傳芳（当時南京に本拠を置いていた直隷派の軍閥）を彼に合作させることが町野の念願であった。町野やその他一部の支那通軍人にとって、軍閥抗争は、彼らが操作し得るゲームのように見えたのではないだろうか。言わば、天下取りを目指して繰り広げられる『三国志』のゲームのように。しかし、北岡氏が鋭く指摘したように、彼らが操作していると見なしていた軍閥に、実は彼らが操られていたのでもあった。

3 張作霖爆殺

郭松齢の反乱

第二次奉直戦争のあと、権力の頂点に立ったのは張作霖である。三角同盟を組んだ孫文は死去し、執政として政権を担当する段祺瑞は往年の指導力を失っていた。華北で張作霖を牽制し得るのは馮玉祥だけであった。やがて張作霖の勢力は華北を圧し、華中にも伸張してゆく。一九二五年一〇月、これに対して直隷派の浙江督弁《とくべん》・孫傳芳が蹶起し、呉佩孚も再起した。孫傳芳は上海、南京から奉天軍を撤退させたが、江蘇省と安徽省を奉天軍から奪い返したあと進撃を止め、一時緊張した張作霖と馮玉祥との間にも妥協が成立して事態は沈静化するかに見えた。ところが、その途端の一一月下旬、奉天軍の精鋭五万を率いて直隷省に駐屯していた郭松齢《かくしょうれい》が突如反乱を起こし、張作霖の下野を要求したのである。

当時、奉天軍はその支配下にある関内各省に分散駐屯しており、そのため満洲の兵力は手薄であった。しかも郭松齢軍は奉天軍中の最精鋭であったから、反乱鎮圧にあたった張《ちょう》学良《がくりょう》（張作霖の長男）軍を破って満洲に攻め入ると、奉天の張作霖はパニックにおちいった。一説によれば、彼は自殺をはかったという。軍事顧問の町野武馬と松井七夫は張作霖をはげまし、不眠不休で危機打開を助けた。

この事件に対して、関東軍や領事館など日本の現地諸機関は、張作霖援助でほぼ一致していた。郭松齢が、ソ連と密接な関係を持つ馮玉祥と連繫しており、南方の国民党の影響を強く受けていると見られたからである。郭が満洲を支配すれば、過激な国権回復を唱える国民党が進出し、共産主義蔓延《まんえん》の危険性もあるので、日本の権益保持にとってはきわめてゆゆしき事態が生まれるだろうと判断された。言い換えれば、権益保持のためには張作霖のほうがましだ、と見なされたわけである。松井少将は、「郭は純然たる過激派なり。彼若《も》し奉天に入らば直ちに一切の条約の破棄を宣言すべく、日本の所謂《いわゆる》特殊権益は零となるべし」と報告した（臼井勝美『日本と中国——大正時代』）。

結局、郭松齢は敗れた。関東軍が満鉄付属地の両側に軍事行動禁止区域を設けたことが、張作霖を助けたのである。これによって郭松齢の進撃が鈍り、張作霖は態勢を立て直すことができたのであった。一二月下旬、逃亡した郭松齢は捕まって銃殺され、妻の屍体とともに奉天駅頭にさらされたうえ、城内を引き廻された。

北伐開始

郭松齢の反乱を乗り切ったあと、張作霖は一九二六年四月、軍を率いて北京に乗り込み、段祺瑞を下野させ、一二月には自ら安国軍総司令と称する。あまりの事態の変転に、坂西利八郎は、下手な役者ばかりが目まぐるしく登場する芝居はもう見飽きたと評した。彼によれば、中国の建設は「夢」でしかなく、事態は「破壊」に向かっていた（『坂西利八郎書翰・報告集』）。

張作霖は一見、絶頂期にあった。しかし、関内での奉天軍閥の専横は目に余るものがあり、人々の反撥《はんぱつ》を買った。そしてその絶頂期に、南から国民党に指導された国民革命軍の北伐《ほくばつ》が始まる。同年七月に広東を出発した国民革命軍は、九月に漢口を占領、翌年三月には南京・上海を占領した。かつて張作霖の軍事顧問を務め、当時は公使館付武官の職にあった本庄繁（中将）でさえ、北方軍閥の凋落《ちょうらく》を予想せざるを得なかった。本庄の観察によれば、奉天軍閥が賭博と放逸にふけり、慢心し、政治能力に欠けているのに反して、国民党に代表される南方派は、真剣に国家革新に邁進《まいしん》し、下層階級や知識人の共感と支持を得ていた（『上原勇作関係文書』）。

一九二七年五月、国民革命軍は華北への進撃を開始する。当時日本では、軍人から政治家に転じていた田中義一を首相に戴《いただ》く政友会内閣が発足したばかりであった。田中は、国民党内の反共穏健派を率いる蔣介石《しょうかいせき》によって、いずれは満蒙を除く中国が統一されるのは不可避であろうと観測していた。最も望ましいのは、張作霖と蔣介石との妥協により、張作霖が満蒙を支配し、蔣介石がそれ以外の中国を統一することであった。そのため、田中は張作霖に満蒙帰還を働きかけようとする。日露戦争で張作霖の命を助けてやったと考える田中は、張説得に自信があった。「天下取り」の野心を放棄して張が満蒙支配に専念し、それを日本が援助してやれば、日本の在満権益は安泰であるはずであった。田中は、来日中の蔣介石の密使と会見し、現役を退いて帰国した坂西とも協議させた。張作霖の密使も来日し、坂西の斡旋により蔣介石の密使と接触している。

第一次山東出兵

北伐軍が北上し山東に迫ると、日本は出兵に踏み切る。それは、北伐を阻止するためというよりも、戦乱によって日本居留民の生命と財産に被害がおよばぬよう保護することに、主たる目的があった。第四章でくわしく見るように、華中の漢口や南京では、北伐により過激な排外主義的暴動が発生しており、日本人を含む列国居留民が大きな被害を受けていた。その記憶が鮮烈なだけに、出兵に消極的だった田中首相も、事態を静観するわけにはゆかなかったのである。当時、華北主要都市（済南、天津、北京、青島）の在留邦人は約二万四〇〇〇人を数えていた。

陸軍支那通の間でも、出兵論が有力であった。国民党との接触のために南京・漢口に派遣された鈴木《すずき》貞一《ていいち》（22期）は、「極めて暴慢」となった中国人に対しては断乎とした対応によってのみ不祥事の再発を防ぐことができるとし、それがかえって日中親善にも有効であると論じた（『上原勇作関係文書』）。本庄中将は、権益を保持し国威を守るためには、軍事力によって居留民を現地で保護し、中国人の「先天的なる増長心」を挫折させねばならないと主張した（同右）。

ただし、実際に派遣された兵力は満洲から当初二〇〇〇名ほどで、しかも青島に上陸後しばらくは動かなかった。やがて山東情勢が緊迫すると済南に進出したが、事態の鎮静化とともに撤退し、青島からも引き揚げた。蔣介石は華中での武漢政府軍の進出に対処しようとしたところ、南下してきた軍閥軍に敗れ、北伐を停止し責任をとって下野した。こうして、この第一次山東出兵は居留民保護の目的を達成し、軍事衝突も引き起こさなかったが、中国ではこれを武力干渉と非難する声が高かった。

第二次山東出兵

同年九月末、下野した蔣介石は来日する。神戸を経て東京に行く前に、蔣は側近の張群《ちょうぐん》（日本の陸士出身）を鈴木貞一（参謀本部作戦課）と松井石根（参謀本部情報部長）に接触させ、田中首相との会見を依頼した。田中と蔣との会談には張群と佐藤安之助も同席している。

このとき日中の要人間に、どのような了解が成立したのか、明らかではない。一説によれば、北伐が再開された場合、日本が張作霖を満洲に引き揚げさせるならば、北伐軍も彼を追撃して満洲には入らない、との黙約が成立したとも言われるが、真偽のほどはさだかではない。

その後、日本から帰国した蔣介石は国民革命軍総司令に復職し、一九二八年四月、陝《せん》西《せい》・甘粛省《かんしゅく》の馮玉祥軍と山西省の閻錫山《えんしゃくざん》軍とを加え北伐を再開する。奉天軍と、これに連合した孫傳芳軍が北伐軍に押されて退却すると、日本は居留民保護のため再び山東に出兵する。前回の出兵に比べると、やや性急な出兵であった。しかも内地から派遣された約五〇〇〇の部隊は青島に上陸すると、すぐ済南に向かった。そして五月、済南で日中両軍が衝突、いわゆる済南事件が発生するが、その詳細は第四章であつかうことにしよう。

済南事件の発生にもかかわらず、北伐軍は北上を続け、六月に北京に入った。その直前、

河本大作（中野雅夫『三人の放火者』）

張作霖は日本の勧告を容れて北京を引き揚げ、満洲に向かった。ところが、六月四日早朝、彼の乗る列車は奉天を目の前にして、満鉄と京奉線《けいほう》（北京・奉天間）がクロスするところで爆破され、ついに張作霖は死んでしまう。これが有名な張作霖爆殺事件、当時の表現では満洲某重大事件である。首謀者は関東軍高級参謀の河本大作《こうもとだいさく》（15期）であった。

河本の排張論

河本は、陸士在校中から、諜報任務に強い関心があった。日露戦争に出征し、引きつづいて満洲守備の任に就いたが、これが大陸問題に関わるきっかけとなった。一時は停職を覚悟で馬賊のもとに身を投じようとしたこともあるというから、支那通によく見られるロマンティストの一人だったようである。陸大に進んでも大陸への夢を捨てず、友人たちと同志的関係を結んだ。陸大卒業後、中支那派遣隊に勤め、第三革命に際し、命を受けて雲南の蔡鍔《さいがく》軍を助けた。その後、参謀本部支那課勤務となり、四川省の成都に駐在したこともある。さらに北京で公使館付武官補佐官を務め、参謀本部の支那班長ともなった。関東軍高級参謀に就任したのは一九二六年三月のことである。

関東軍に転任してきたとき、河本はあまりの排日行為のひどさに衝撃を受けたという。排日はむしろ日本人の側にも責任があるのだと言う松井七夫や町野武馬など張作霖の軍事顧問を、河本は張に迎合する「寄生虫」「ダニ」と批判した。河本によれば、張作霖は北京に君臨して傲慢となり、日本の恩を忘れて排日を放置し、ときとしてそれを煽動するかのようでさえあった。それゆえ河本は、日本の在満権益を維持・増進するには、張作霖を排斥し彼に代わる親日実力者を満洲に擁立してゆかねばならない、と主張したのである。

その頃、陸軍の中堅将校の間には、二葉《ふたば》会や木曜会といった研究グループが結成され、二陸軍の改革や満蒙問題対策などを検討していた。河本はその二葉会のメンバーであり、二葉会には彼以外に支那通として陸士一六期の磯谷廉介《いそがいれんすけ》、板垣征四郎、岡村寧次、土肥原賢二などが加わっていた。木曜会のメンバーは二葉会よりもやや若く、ここには石原莞爾や鈴木貞一などがいた。張作霖排斥論（排張論）は、こうした少壮将校研究グループでのほぼ一致した結論だったと見られる。やがて関東軍では、河本の主張に押され、排張論が有力となってゆく。

これに対して、田中首相も陸軍の首脳も、依然として張作霖援助論（援張論）の立場であった。第一次山東出兵後、出先および本国の対中政策担当者を集めて東方会議が開かれたとき、そこでは満蒙を中国本部とは別あつかいにする（満蒙分離）という従来の方針が確認されたものの、排張論は採用されなかった。東方会議は、内外に大きな反響を与えたにもかかわらず、日本としての明確な対中統一方針を打ち出したわけではなかった。政府の援張論と現地の排張論は、統一されないまま平行線をたどっていたのである。

田中首相は満鉄総裁に山本條太郎《やまもとじょうたろう》を起用し、張作霖との間に新しい鉄道建設の了解を成立させた。しぶる張作霖を説得したのは、町野武馬の功績だという。田中や町野にとっては、この了解に基づいて鉄道建設を実行するためにも、張作霖を援助することが必要であった。一九二八年に入って、公使館付武官が本庄繁から建川美次《たてかわよしつぐ》（13期）に交代したが、支那通には属さない建川が起用されたのは、張と腐れ縁のない者を選んだためだとされる。これに対して田中は、張との密着のために本庄の留任を望んでいたという。

爆殺へ

排張論者にとって、北伐の再開と奉天軍の敗退はむしろ都合のよい事態の展開であった。北伐軍の北上にともない、満洲の治安維持のため、次のような方針が現地に指示された。奉天軍（北軍）が京津《けいしん》（北京・天津）地区で革命軍（南軍）と戦わず整然と満洲に引き揚げる場合には、それを許し、北軍を追ってくる南軍の入満は阻止する。しかし南軍と戦って敗北した北軍が満洲に逃げ込んだり、戦わないまでも接近しすぎた両軍が混乱したままで満洲に進入しようとした場合は、南北いずれの軍を問わず武装を解除する、と。

この方針は、おおむね関東軍の意見具申を受け入れたものであった。関東軍は独断で軍司令部を旅順から奉天に進出させた。満洲に入ってくる中国軍の武装を解除するための、準備措置であった。ただし、武装解除のためには、満洲と中国本部との境界（山海関）に進出しなければならなかったが、そこは関東軍が守備すべき満鉄沿線から遠く離れているので、天皇の正式命令（奉勅命令）が必要であった。つまり、関東軍の独断で武装解除を実行することはできなかったのである。関東軍は奉勅命令を待った。しかし、それは下令されなかった。

もともと田中首相は南北両軍を公平にあつかうつもりはなかった。武装解除が原則ではあるけれども、奉天派の勢力保持が望ましいので、その実行にあたっては、出先軍司令官の「手加減」と「腹芸」が要求される、というのが田中首相の意向に基づく閣議決定の趣旨であった。田中にとっては、張作霖が満洲に引き揚げるのが望ましく、勧告にしたがって彼が満洲に引き揚げれば、断然張を援助してゆくべきであった。

ところが、排張論者からすれば、張が満洲に戻ってくること自体、望ましくなかったのである。彼が帰ってくるとすれば、武装を解除し、そのうえで従来から彼が避けてきた要求をすべて呑ませ、懸案の一挙解決をはかるべきであった。しかし、奉勅命令は下令されず、武装解除はできなかった。河本によれば、田中首相の側近に佐藤安之助のような「自由主義者」がいたので、そのために首相は躊躇したのだろうという（森克己『満洲事変の裏面史』）。だが、田中には最初から、よほどの混乱状態が発生しない限り、奉天軍を武装解除する意図などなかった、というのが真相であったろう。

組織ぐるみの謀略？

武装解除できないとすれば、どうするか。すでに奉天軍（兵力約三〇万）の一部は満洲に戻っていた。もしその主力が戻ってくれば、これまで以上に排日行為が激しくなる、と排張論者は憂慮した。その危険性を防止するためには、頭目の張作霖を亡きものにするしかない、と彼らは結論づけた。河本は次のように証言している。村岡長太郎《むらおかちょうたろう》（5期）関東軍司令官が張作霖暗殺を目論んでいることを察知した河本は、軍司令官にそのようなことの責任をとらせるべきではないと考え、彼のもとで暗殺計画を練り、実行者を選び、列車爆破を成功させたのだ、と。

張作霖爆殺が河本の独断だったのか、それとも関東軍が組織ぐるみで計画に関与していたのか、そのいずれかを根拠づける確証はない。ただ、村岡軍司令官が事前に河本の計画を黙認していたことは、たしかなようである。関東軍が組織として計画を立てその実行にあたったわけではないとしても、河本には、関東軍の総意を受けて謀略を実施するという意識があったのかもしれない。

張作霖爆殺は、南方派の工作員の仕業であるかのように偽装された。しかしやがて政府は、日本軍人が関与していることをつかんだ。よく知られているように、田中首相は当初、日本軍人が犯人であれば軍法会議にかける、と天皇に言上していたにもかかわらず、陸軍をはじめとする周囲の圧力に押されて当初の方針を撤回し、天皇の不興を買った。そしてそれが田中内閣の命脈を絶ち、田中自身の命をも縮める結果となった。田中は陸軍の後輩の河本のために、彼の援張策を葬られ、彼自身の政治家としての将来も葬られたことになろう。

新旧世代の対立

河本は、犯人として軍法会議にかけられることはなかったが、警備の責任を問われて行政処分を受け、停職となった。このとき、二葉会のメンバーが彼の復職のためにだいぶ動いたようである。結局、それは成功せず、河本は予備役に編入された。ただし、こうした河本救済の動きは、たしかに爆殺という行為には異論があったにせよ、張作霖排斥自体に関してはかなりの同調者があり、河本への同情も少なからぬものがあったことを示唆《しさ》していよう。

この事件は、現地軍の独断専行や軍人の謀略といった面で際立っているが、実は、支那通の世代間対立を浮かび上がらせたものとしても興味深い。町野武馬、松井七夫、佐藤安之助らは、援張によって在満権益の維持・拡張をはかろうとした。軍閥と密着し、軍閥を操縦することを通じて日本の権益を増進させようという、軍事顧問に典型的に見られたパターンである。これを旧世代の支那通の共通項とすれば、河本ら新しい世代の支那通は、軍閥との密着が時代錯誤的であると感じていた。軍閥を操縦しようとして、かえって軍閥に操縦されていることにも気づきつつあった。彼らは、軍閥操縦とは別の方式によって権益増進を模索し始めたのである。

だが、河本の試みは何ら成果を生まず、逆効果ですらあった。張作霖亡きあと、奉天軍閥では、松井七夫顧問の推す楊《よう》宇《う》霆《てい》と、奉天特務機関長（たまたま支那通軍人ではなかった）がバックアップする張学良との間に暗闘が始まり、楊宇霆は張学良によって謀殺された。父を日本軍に殺された張学良が満洲の支配者になると、それまで以上に排日行為が激化するのは避けられなかった。張作霖を抹殺し奉天軍閥を解体して、それに代わる親日勢力を育てようとした河本の試みは失敗に帰したのである。

第三章 新支那通の登場

岡村寧次（舩木繁『支那派遣軍総司令官岡村寧次大将』）

1　典型としての佐々木到一

支那通への道

河本大作に張作霖爆殺のアイデアを吹き込んだのは自分だ、と主張する軍人がいる。本書冒頭で紹介した佐々木到一《ささきとういち》（18期）である。陸軍支那通では、河本の後輩にあたる。先にも述べたように、佐々木は陸軍支那通のなかで最も早く中国国民党に注目し、最も国民党に親近感を寄せた軍人であった。軍閥を時代錯誤的とし、中国の新しい時代の胎動を敏感につかみかけた新世代の支那通、言わば「新支那通」の代表的存在が佐々木到一である。

ここで佐々木を取り上げるのは、彼が新支那通の代表的軍人であることに大きな理由があるが、あえて彼を取り上げて分析の対象とするには、もうひとつ別の理由もある。それは、彼が軍人としては異例とも思われるほど多くの著作を刊行しているからである。すなわち、その著作を通して、新支那通としての彼が何を考え、中国をどのように理解し認識していたかを追跡することができるのである。

佐々木到一は一八八六（明治一九）年一月、愛媛県松山に生まれた。一〇歳のとき長男の到一は父（陸軍将校）の勤務の関係で山口に移ったが、他国者ということでだいぶいじめられたという。長州閥への敵愾心《てきがいしん》はこのときに端を発したのだ、と彼は後年冗談めかして述懐している。その後、広島に移った彼は広島県立第一中学校に入学し、陸士に進んだ。一九〇五（明治三八）年卒の陸士第一八期生である。

支那通には中学校出身者が比較的多い。幼年学校の語学が独仏露の三カ国語で、同校出身者の多くは陸士入校後もこの三カ国語から選択したからである。むろん陸士や陸大入校後に中国語を選択することもできるので、結果的には支那通でも多数を占めるのは幼年学校出身者であった。ただ、他の分野（たとえば作戦畑やロシア情報関係）に比べれば、支那通では中学校出身者の比率が高いとは言えよう。

佐々木の二期先輩にあたる板垣征四郎は、陸士在校中から大陸問題に関心を持ち、そうした関心を有する者たちの研究会もあったという。それは日露戦争直前の特殊な雰囲気のせいであったかもしれない。佐々木は陸士時代に、中国に対して特別の関心を寄せたわけではないようである。

喧嘩到一

佐々木が中国に関心を持つようになったのは、彼の属する第五師団が満洲守備の任についているとき、中国に辛亥革命が起こり、それが満洲にも飛び火して、青年将校の血を湧かせたからだという。同じ頃、朝鮮駐劄師団にいた石原莞爾は、駐屯地付近の山に兵を連れて登り、新生中国の前途に万歳を叫んだとされている。当時の青年将校の思想傾向の一端をここに見ることができよう。

さて、辛亥革命の翌年（一九一二年）佐々木は陸大を受験したが、合格できなかった。陸大受験に自信を失った彼は、第五師団から満洲の独立守備隊に転属する。入れ揚げた芸者のために満洲に居残ろうとしたからであり、また勤務の関係で処罰を受けたことに対する怒りも手伝っていた。後者が主因であれば、「喧嘩到一」と呼ばれた狷介《けんかい》な彼の性格がよく表れていると言えよう。

佐々木は、語学（中国語と蒙古語）を学べば中国か満蒙で働くことができる、中国はまだ知らないが、満洲で働けばおもしろそうだ、と漠然と考えていたという。しかし、中国問題に志す者は陸大の門をくぐらねばならない、との先輩の忠告に発奮し、三度目の受験でようやく陸大に合格する。前述したように、支那通として活躍するためには陸大を卒業しておかねばならない、ということはすでに半ば常識となっていた。佐々木の前後に陸士を卒業した板垣征四郎や磯谷廉介、山中峯太郎は、中国革命への共感から血気にはやって、革命を援助するためにすぐにでも中国での任務に就くことを望んだが、いずれも先輩から、陸大を出ることを強く勧められた。

陸大時代

一九一四（大正三）年一二月、佐々木は陸大に入校する。彼は陸士で中国語を学んでいたので、陸大でもそれを選択した。少しでも中国語を学んだ経験のある者は支那語甲班なるグループに入れられたが、佐々木の同期生（陸大29期）では四人だけだったという。彼の勉学態度はあまりかんばしくなかったようである。四年も満洲にいたせいか、「植民地」生活に由来する頽廃的態度があったと彼は言う。陸大卒業後の進路については、次のように考えていた（『ある軍人の自伝』）。

成績が良かろうはずがないことを自覚していたから、だれがなんといっても支那に行こうと心に決めていた。洋行なんかできるはずがない、できたって行きたくもない、ただ目的は支那ばかりという気持だった。当時のいわゆる支那屋は二流以下の人物の行くところと思っていたからである。

たしかに佐々木の言うように、そしてすでに指摘したように、「支那屋」はトップのエリート・コースではなかった。そこには必ずしも能力が関係していたとは思えないが、陸大での佐々木の同期生、鈴木貞一によれば、支那通になるのは「非常に変わり者」であったという。

一九一七（大正六）年一一月、佐々木は陸大を卒業する。当時の陸軍では、よいポストを得るために有力者に働きかけるのが、言わば「慣習」だったようである。しかし佐々木はそうした有力者の知り合いもなかったので、一年先に陸大を卒業した陸士同期生を通じて参謀本部に勤務していた佐藤三郎《さとうさぶろう》（14期）に頼んだだけだった。母方の伯父が同郷人の宇垣一成（当時、参謀本部第一部長）に頼んだとも聞かされた。

その「運動」の効果があったのかどうか、翌年七月彼は青島守備軍陸軍部付を命じられた。陸大卒業後、最初のポストが海外勤務であるのは願ってもない幸運だ、と伯父は言った。佐々木はここに一年数カ月勤務することになる。

現地調査

青島守備軍で佐々木は兵要地誌係主任を務めた。このとき以来彼は兵要地誌の資料として中国の府誌・県誌の類《たぐい》を熱心に収集し始めたという。さらに彼は各地の実地調査におもむいている。一九一八年一〇月には、南京、漢口をまわって河南省に入ろうとする計画だったが、船中で当時猛威を振るったインフルエンザにかかり重態におちいった。

病が癒えた翌年春、今度は鉄道予定線の調査のため山西省太原《たいげん》に向かった。途中北京では、青木宣純と中国軍服を着た坂西利八郎とに会っている。調査はロバに荷物を載せ、徒歩で行った。夜は無人のお堂を宿とすることが多く、ときには木賃宿に泊まることもあった。こうして佐々木は生の中国人の生活にふれる体験を味わったのである。

この調査旅行は相当の苦難をともない、旅程の最後のところではアメーバ赤痢にかかって歩けなくなるという目にもあった。黄土にまみれて済南に着いたとき、顔の垢がボール紙を剝がすように取れたという。青島に帰着したのは、約八〇日ぶりであった。佐々木は、中国語や中国事情を実地に学ぶことができ、得るところがまことに大きかったと回想している。

のちに、佐々木の自叙伝の刊行に関わった橋川文三氏は、彼のことを、「実地の意味で中国の地理を知り、国民党とその人物、国民革命の現実を実際に知っており、そこからその思考と判断を引き出した……きわめて律儀な意味で実感と調査をその行動の基礎にすえた人物だった」と評している（『ある軍人の自伝』解説）。そうした資質は、このときの自分の足で踏破した実地調査によって最初に育まれたと言えよう。

特務機関員として

一九一九年九月、佐々木は浦塩《うらじお》派遣軍司令部付を命じられる。浦塩派遣軍とは、前年からシベリア出兵に従事していた部隊である。一〇月佐々木はウラジオストクの軍司令部に出頭し、参謀の河本大作から指示を受けた。むろんこのとき張作霖爆殺のアイデアを河本に伝えたわけではない。佐々木の職務は、日中軍事協定に基づく連絡将校として、チタ特務機関長の指揮を受け、満洲西北の国境の町、満洲里《マンチュウリ》に勤務することであった。

日中軍事協定とは、前年寺内内閣が段祺瑞政権との間に結んだ協定で、日中両国が参戦国として共同して敵にあたるうえでの協力を謳《うた》ったものである。協定成立にいたる交渉には坂西や西原亀三が関与している。この協定のねらいは日本主導の下に中国との軍事的提携を強化し、シベリア出兵の準備を進めることにあったが、これに対しては中国を軍事的に支配しようとするものだとの批判が強く、約一二〇〇名の在日中国人留学生が抗議のために帰国するという一幕もあった。

協定締結の数カ月後、日本はシベリア出兵に踏み切り、協定に基づいて北満洲にも兵を進めた。その過程で中国軍との協力のために連絡将校が派遣されたのである。その一人が佐々木であった。同時期には黒龍江督軍顧問の土肥原賢二が斉斉哈爾《チチハル》に連絡将校として派遣されていた。

特務機関について簡単に説明しておこう。陸軍はシベリア出兵以前からロシアの反革命政権援助や反革命軍の編成・指導のために、参謀本部付という身分でシベリアや北満に将校を派遣していたが、複数の反革命軍を統一的に指導し日本軍の作戦行動との連絡・調整をはかるため、そうした派遣将校をすべて浦塩派遣軍司令官の指揮下に置くことが必要になった。これが特務機関の始まりである。本来、正式の機関名称ではなく、あくまで浦塩派遣軍での仮称に過ぎなかった。

特務機関の任務は、統帥（軍事作戦）に直接関わらない領域での反革命軍との連絡・交渉と情報収集であり、機関員の身分は軍司令部付とされた。反革命軍や中国軍に対する「威容」を示す必要からか、特務機関員には参謀飾緒《しょくしょ》の佩用《はいよう》が認められている。佐々木も、青島で転勤の内示があったとき、参謀飾緒の携行をとくに指示されたという。チタ特務機関の具体的任務は、ザバイカル・コサック軍とその指導者セミョーノフの指導であった。チタ特務機関長の指揮下にある佐々木もその任務の一端を担ったわけである。

満洲里でのつまずき

満洲里に駐在した佐々木は当初大した諜報活動に従事してはいない。ときに日本兵と中国兵との衝突事件が持ち込まれ、その処理が彼にとっては頭痛の種であった。たとえば、酔っ払って中国人を銃剣で突き殺したというような、明らかに日本側に非があるような事件でも、日本側に有利に解決するよう強要され、佐々木は苦悩した。「国家のためにはいかなることをも敢行するという横着さは、正義観念の運用になれぬ田舎者の若い予にはむつかしいことだった」と彼は回想している（『ある軍人の自伝』）。

北満で体験した彼のシベリア出兵に関する観察も興味深い。佐々木によれば、シベリア出兵の効果は、オムスク（反革命政権の所在地）以東の地図ができたことと、日本軍人の間に白人恐るるに足らずという観念、とくに白人女性尊敬に値せずとの観念（その貞操に対する軽蔑）を植えつけたことだという。やや皮肉まじりではあるが、革命から逃れてきた亡命ロシア人を日本の軍人がどのように見ていたかをよく表わしていると言えよう。

革命派の勢力に押され、やがて日本の派遣軍はザバイカル方面から撤退する。日本は反革命軍に対する援助も打ち切った。そうした頃、佐々木は上司の特務機関長から、逃げ込んできたセミョーノフを沿海州に護送する命を受ける。中国官憲の目を盗み、東支鉄道を経てやっとの思いでセミョーノフ護送をなし遂げた佐々木だったが、報告のためにウラジオストクの軍司令部に出頭すると、軍司令官から頭ごなしに叱責された。

派遣軍としては、沿海州に革命派でもなく反革命派でもない緩衝《かんしょう》政権を作ろうとしており、反革命コサック軍がそこにやって来ることは、それを妨害するものとしか考えられなかった。これに対し、佐々木の上司の特務機関長は軍の方針に反してセミョーノフ援助を継続しようとしたのだが、そんなことは一大尉の佐々木には知る由もなかった。彼は軍司令官に反撥すると同時に、その方針にも不信を抱く。一時はもてはやすように援助しながら、必要がなくなり都合が悪くなると邪魔物のように捨て去る「功利主義とさえ考えられる軍のやり口が無暗と腹立たしかった」（同右）。結局、セミョーノフはロシア国外に追い払われてしまう。

一九二一年一月、彼が勤務していた満洲里支部は軍直轄の特務機関として独立し、佐々

セミョーノフ（中央）と佐々木（右隣）（『ある軍人の自伝』）

木はその機関長となった。ほぼ同時に日中軍事協定が廃棄されたことにともない、連絡将校を免じられた。ところが、間もなく彼はウラジオストクの軍司令部勤務を命じられる。しかも、そこでは何の仕事も与えられなかった。言わば、佐々木は干されたわけである。ウラジオストク勤務中、彼はしばしばコサック軍から鹵獲《ろかく》武器を譲ってほしいと求められたが、独断でそれに応じるわけにはゆかなかった。彼が内地に転勤したあと、佐々木の後任者は投棄を装って二貨車分の小銃をコサック軍に渡した。しかし、そのため辞職に追い込まれ、その妻は関釜《かんぷ》連絡船から投身自殺したという。

不遇の内地勤務時代

この年六月、彼は突然、内地転勤の内示

を受けた。上司からは、「ロシアのことが嫌いらしいから、一度帰還して支那へ出直せ」とか、「神経衰弱にかかっているらしいから、内地に帰って静養し給え」と言われた。体《てい》よく追い払われたというのが実情であろう。佐々木が、組織のなかでいかにあつかいにくい存在と見られていたかがよくわかる。

帰国して中隊長を拝命し、連隊長に申告すると、「君はながく軍隊にいるつもりじゃないんだろう」と言われた。セミョーノフ護送が事実上の命令違反と見なされ、ウラジオストクでの勤務ぶりも反抗的だと受け取られて、その人事評価が連隊長のところにまで届いていたのだろう。

佐々木は陸大卒業直後にすでに中隊長を経験しており、これが二度目の勤務であった。まったくの例外的人事であり、愕然とした佐々木自身が調べたところによれば、日露戦争後、彼を含めて四例しかなく、懲罰《ちようばつ》人事と考えられた。だからといって仕事に手抜きをしたわけではないが、気持ちが相当すさんでおり、彼の中隊は兵が恐れて萎縮しているとの評判であった。人知れず涙を流したこともあるというから、かなり強い不遇感につきまとわれていたのだろう。一時は本気で退職を考えたが、参謀本部支那班に勤務する同郷の酒《さか》井隆《いたかし》（20期）に忠告されて、思い止まった。

一二月、ようやく佐々木は参謀本部員となり、支那班に勤務することになった。のちの陸相、当時参謀本部第五課長（欧米課長）荒木《あらき》貞夫《さだお》（9期）の同情と、支那班長佐藤三郎の推挙のおかげだったという。佐々木と荒木の接点がどこにあったのかわからないが、前述したように佐藤には陸大卒業時に陸士同期生を介して人事上の配慮を頼んだことがあった。

翌一九二二年四月、佐々木は少佐に進級、八月まで支那班に勤務した。この支那班在勤中、第一次奉直戦争があったはずだが、これについて彼は何も書き残していない。この頃岡村寧次に青二才あつかいされて憤慨し発奮したと佐々木は回想している。佐々木と、同じ支那通でもエリート・コースに乗りつつある岡村とでは、かなりタイプが違っていたのだろう。やがて佐藤班長から、任期満了となる広東駐在武官磯谷廉介の後任はどうか、との打診があり、佐々木はこれを快諾する。彼によれば、その頃北京や上海のポストは支那通のなかでも優秀者によって占められ、広東行きは歯牙《しが》にもかけられなかった。したがって、広東駐在を希望する者は、佐々木のような「痛手」を負った者以外にはあり得なかっただろうという。果たして、それが事実であったかどうか、さだかではない。佐々木に、被害者意識が強すぎたきらいがないでもない。

それはともかく、この広東駐在時代は、佐々木にとっておそらく最も愉快で充実した時期となるのである。

国民党通としての素地

同年九月、佐々木は台北、香港を経て広東（正確には省都の広州）に赴任した。英仏租界の沙面《シャーメン》にあった武官室は間借りの二室だけで、通訳もおらず、佐々木一人だけの勤務であった。広東で彼を驚かせ閉口させたのは、その暑さである。寝苦しい夜は在留邦人の間で流行し始めた麻雀に加わり、昼は健康のためにテニスをするのが日課であった。

当時、広東は中国国民党の本拠であった。佐々木が赴任した頃は、孫文と袂《たもと》を分った軍閥・陳炯明《ちんけいめい》が支配していたが、上海に逃れた孫文は間もなく広東を回復し陳炯明を追い払った。ここで佐々木は国民党について研究し、その要人たちと交わり、後年国民党通と言われる素地をつくったのである。

佐々木が撮影した軍用列車中の孫文（『ある軍人の自伝』）

国民党の要人には日本留学生出身が多く、佐々木と彼らが話すときは日本語が使われた。英米留学出身者は英語で話し、北京語よりも英語のほうがうまかったという。佐々木は、軍事作戦面で孫文を援助してくれないかと要請され、孫文の司令部に出入りする特別許可証を得た。これによって彼は国民党の要人たちとサシで話ができるようになったのである。

こうした佐々木の行動に対し、「負け惜しみの強い」広東総領事天羽英二《あもうえいじ》は不快感を隠さず、中国人を交えた酒の席で、「駐在武官は一種のスパイだ」と放言したという（『ある軍人の自伝』）。佐々木によれば、外交官は中央政権とこれに対抗する地方政権とを、どうしても区別せざるを得ないが、駐在武官はそうした区別にはこだわらず、自由に地方政権に接することができた。そこから外交官と武官との見解の相違が生まれるのだ、と佐々木は述べている。

佐々木は、しばしば孫文の軍用列車に便乗して、彼らの戦いぶりを目の当たりにすることができた。そうした折、列車のなかで孫文から蔣介石を紹介された。そのときはほとんど印象がなく、後年国民党を、そして中国を率いる指導者になるとは夢にも想像できなかったという。

佐々木が蔣介石に注目し始めるのは、彼がモスクワから帰国して黄埔《こうほ》に創設された軍官学校の校長となってからである。真偽のほどはわからないが、軍官学校の制服をデザインしたのは自分だと佐々木は述べている。中国側からデザインを依頼された日本人洋服店に相談を持ち掛けられ、彼が考案したのだという。

一九二四年六月、日本の陸士出身で軍官学校教育部長となった何応欽《かおうきん》からの招待を受け、佐々木は黄埔を訪問する。開校間もない軍官学校の構内は清潔で、外見は日本の陸士を思わせるものがあったが、そのときはそれだけで「興味の半ばを失った」（『曙光の支那』）。

彼が軍官学校の真価に気づくのは、駐在武官の任期を終え広東を離れたあとである。その頃、広東の租界、沙面では反英ストライキが発生した。国民党の指導によるストライキは四〇日あまりつづき、租界生活を麻痺《まひ》させ、イギリス租界当局の屈服でようやく幕を閉じた。沙面に住む佐々木は多大の苦痛を味わったが、このストライキには大きな共感を寄せた。これは国権回復運動の一部であり、その成功に心から祝意を表したいと佐々木は述べた。彼は「覚醒しつつある隣人の将来」に期待しつつ、広東を離れたのである（同右）。

2　国民革命への共感

国民党かぶれ

一九二四年八月、帰国した佐々木は参謀本部員となり支那課の兵要地誌班長に就任した。国民党に関する直接の情報を持つ彼は、帰国直後から陸軍の内外で広東情勢を報告・解説するよう求められたようである。その際、彼が論じたのは、国民党主導の第四革命が必至《ひっし》であるという情勢分析であった。その分析は少なからぬ反響を呼びはしたものの、まともには受け取られなかった。

それなりの関心を呼んだことは、翌年、『外交時報』に「支那改造の根本問題――支那軍隊改造と近づける第四革命」と題する論文を寄稿し、翌々年、広東体験記とも言うべき『曙光の支那』を、陸軍将校団の偕行社《かいこうしゃ》から刊行したことからも裏づけられる。驚くべきことに、その後二年足らずの間に彼は国民党に関し『曙光の支那』以外に四冊もの著書を刊行する。

他方、彼の分析が陸軍内外の批判を浴びたこともまた事実であった。佐々木は国民党にかぶれたと冷笑され、当時陸軍省軍務局長の小磯國昭《こいそくにあき》(12期)に「ササキイ、革命はまだかね」と揶揄《やゆ》されたという。少壮将校の「革新思想」に影響を与えた大川周明《おおかわしゅうめい》が主宰する神武会の講演で、佐々木が「孫先生」と言ったところ、大川は孫文に「先生」を付けるとはもっての外《ほか》だと批判し、二人の言い争いになった、というエピソードもある。これをきっかけとして佐々木と大川は親交を結ぶことになるが、それはともかく、当時、孫文を先生と呼ぶ軍人はやはり異質であり、反撥を買うのも当然だったろう。なお、佐々木の著書は、このあと、大川が関係する行地社や東亜経済調査局からも出版されることになる。

孫文への傾倒

佐々木は孫文に傾倒していた。『曙光の支那』の序文には、「私の此《この》両三年の間に於《お》ける孫中山先生の印象を基として、大胆にも先生の面影の一部を世間に紹介したいと思って筆を執《と》った」と記されている。さらに、この著書のなかで佐々木は次のように述べている。

孫中山先生は国家社会主義者であり、国権恢復《かいふく》の主張者であり、憂国の志士であり、公人としての大抱負はあるが、個人的の野心はない人である。

孫文に「国家社会主義者」という形容はいささかそぐわないが、おそらくは社会主義者であると同時に民族主義者でもある、という程度の意味であろう。佐々木にとって孫文は「個人的野心」を持たず、革命事業の達成に全身全霊を打ち込んだ英雄であった。『曙光の支那』には、身近に接した孫文にまつわるエピソードが、ふんだんに、愛情と尊敬を込めて紹介されている。佐々木は孫文をけっして神格化しなかったが、革命指導者としての理想像を彼に投影したかのようではあった。「私は私の信念から、敢《あえ》て孫中山の為めに『提灯《ちょうちん》を持つ』との譏《そし》り位《ぐらい》は甘受するものである」と佐々木は述べている。彼の孫文観に対して批判があることは十分承知のうえでの孫文賛美だったのである。

佐々木の国民党に対する見方も、こうした孫文観の延長線上に形づくられている。孫文の感化を受けた国民党員について佐々木は次のように見ていた。

国民党の人々殊に幹部の人々は皆堂々たる政見を懐抱《かいほう》して居《お》り其《そ》の人格も高潔である。政権に憧憬したり黄白〔金銭〕に執着して醜い党争をする官僚や軍閥とは其の選を異にして居る。

要するに、孫文や国民党幹部は軍閥とは違い「私利私欲」「私心」のない指導者と見られたのである。そして、こうした指導者の登場は、中国史上、異質のリーダーたちの出現ととらえられた。佐々木は中国の歴史を次のように理解している（『南方革命勢力の実相と其の批判』）。

支那五千年の歴史は、簒奪《さんだつ》と兵乱との反復であった。而《しか》して此《こ》の簒奪と反乱とは、我《が》利私欲《りしよく》を目的とする一部治者階級の投機事業たるの外《ほか》に意味はなかった。……治者階級たらんと欲するものは、権勢と黄白に阿附《あふ》し、習い性となって敢《あえ》て怪しまず、曰《い》う所は天下国家と億兆人民なれど、其の実一党一家の利益に過ぎない。

佐々木が理解するこうした中国政治の体質は当時の軍閥政治の実態に如実に再現されていた。佐々木は、このような中国政治の悪しき伝統を改め、軍閥政治を打破するものとして、「我利私欲」を目的としない孫文や国民党に大きな期待をかけたのである。

陸軍の孫文軽視

孫文や国民党についての佐々木の見方は、しかし、陸軍支那通の間でも異質であった。たとえば、辛亥革命直後、柴五郎は、孫文を「一種の妄想狂的の理想家」に過ぎず、中国を統一するだけの器量はないと断じている（『上原勇作関係文書』）。おそらくはこうした孫文像が支那通の間でも公約数であったろう。青木宣純や寺西秀武などがしばしば南方派への支持を訴えていたことは前章で見たとおりだが、それは必ずしも孫文や国民党への支持を意味しなかった。坂西利八郎が指摘したように、南方派は様々な勢力から構成され、まとまりも欠けていたのである。孫文率いる国民党はそうした南方派の一勢力に過ぎなかった。

実際、辛亥革命以後の孫文と国民党の足跡を見れば、佐々木以外の軍人たちの見方には無理もないところがあった。辛亥革命勃発時、孫文はアメリカに滞在中だったが、すぐ現地に駆けつけずに欧米を巡って革命への資金集めに奔走した。しかし、ほぼ二カ月後に帰国したとき、期待された資金を持ち帰ることはできなかった。一九一二年一月一日、中華民国の成立とともに孫文は初代大総統に就任したが、それは彼に強力な指導力が期待されたからではなく、中国同盟会以来の革命派のシンボルとして、革命政府に結集した雑多な勢力間のバランスを保つ役割が期待されたからであった。しかも間もなく、孫文は大総統を袁世凱に委譲することになる。

袁世凱政権の下で革命派を指導したのは、孫文ではなく宋教仁であった。宋教仁は議院内閣制の下での議会政治を目指し、中国同盟会も革命諸派と合同して議会政党としての国民党へと衣替えした。ところが、宋教仁は暗殺され、袁世凱は議会を無視して独裁体制を固めてゆく。そして孫文は、宋教仁が目指した合法的手続きによる議会を介しての変革ではなく、袁世凱に対抗するため非合法の軍事革命路線に回帰する。しかしながら、孫文の非合法武力革命路線は逆に袁世凱の議会政治否定、独裁制強化を正当化することに利用され、しかも孫文の檄《げき》による第二革命は、圧倒的な袁世凱の軍事力の前にもろくも敗北してしまう。

袁世凱の帝制に反対して展開された第三革命の主役も孫文ではなかった。その主役は蔡鍔、唐継堯、李烈鈞らの、西南軍閥を含む軍人たちであった。このとき支那通軍人の多くが訴えたのは、こうした革命派軍人たちへの支持であり、彼らが南方派の主体と見なされていたのである。孫文も第三革命に参加したが、脇役を演じたに過ぎない。

孫文の権力基盤

その後、孫文は西南軍閥と手を組んで、袁世凱亡きあとの北方派に対抗しようとする。一九一七年八月、広州に中華民国軍政府が組織され、孫文はその大元帥に就任、北伐を呼びかけた。しかし誰もそれに呼応する者はなく、そのうちに孫文は軍政府を構成する軍閥たちの追い落としにあい、翌年五月には上海に隠遁せざるを得なくなってしまう。上海滞在は二年半におよんだ。

孫文が広州に戻るのは、国民党に同調していた広東軍閥の陳炯明が、広西軍閥に支配されていた広州を奪い返したあとの一九二〇年一一月である。翌年五月に孫文は軍政府の非常大総統に就任する。しかし、今度は陳炯明と対立、陳が反旗をひるがえしたため、一九二二年六月再び孫文は上海に逃れた。佐々木が広東に赴任してきたのはその直後である。

翌一九二三年一月、孫文の檄に応じて雲南、広西、広東の軍閥たちが陳炯明を広州から追い払い、二月、孫文は上海から戻ってきて軍政府の海陸軍大元帥に就任した。佐々木が初めて会ったのは、このときの孫文であった。

上海滞在中、孫文はソ連特使のヨッフェとの共同宣言を発表してソ連との提携を深め、広州回復後の一九二四年一月、正式に国共合作《こっきょうがっさく》（共産党員の国民党加入）を発足させた。身内とも頼んでいた陳炯明の離反を招いた孫文としては、ソ連からの軍事援助を含む支援がどうしても必要であり、またソ連以外に彼を援助する国はなかったからである。当時の孫文の権力の基盤は、彼のカリスマ性を別とすれば、ソ連の援助と、それに加えて、あまり当てにはならない中小軍閥（客軍）の軍事力くらいでしかなかった。

革命への共感

このような孫文をめぐる状況の推移を考えると、彼を指導者とする国民党が革命の主導権を握って中国政治を左右するとは、予想しがたいことであったろう。中国の将来を占ううえで、まず重視されたのは北方政局の動きであり、それとの関連で南方派の動向が検討されたとしても、広東軍政府がその動向を代表しているわけではなかった。坂西は第二次奉直戦後の状況に関し、中国の政治動向を左右するのは張作霖、馮玉祥、段祺瑞の三者間の勢力争いで、広東政権など南方は中央政局に大きな影響を与えず、ただゴタゴタしているだけだと観察していた。

それなのに、なぜ佐々木は孫文と国民党の将来性に着目し、国民党主体の第四革命の到来を予言したのだろうか。むろん孫文への傾倒もあったろう。「我利私欲」を持たない国民党に対する期待もあったろう。しかし、おそらく佐々木をそうした予言に駆り立てた最も大きな原因は、彼らが目指していた「国民革命」への共感であった。

では、佐々木は中国の国民革命をどのように理解していたのか。彼は、国家統一、立憲政治の実現、国権回復、を国民革命の主たる目標と見なしている。国家統一を成し遂げるためには、地方に割拠する軍閥を打倒しなければならない。私兵を擁して「我利私欲」をはかり政治を壟断する軍閥の打倒は、立憲政治確立の前提でもあった。そして真の国家統一は、国権回復が実現されない限り、達成されないはずであった。

支那陸軍は改造されねばならぬ

要するに、佐々木にとって国民革命の最も基本的な目標は国家統一にあると理解された。その目標達成を妨げる存在と見なされたものこそ軍閥である。彼の軍閥観を見てみよう（『南方革命勢力の実相と其の批判』）。

軍閥は、各《おのおの》其《その》の権勢の争奪、地盤の獲得に熱中して、国家を忘れ、私利私欲以外国利民福を思わない為《ため》に、支那の内乱は終息するの日なく、其の統一は、何《いず》れの日にも期することが出来ないのである。此の意味に於《おい》て、支那の軍閥は支那の統一を妨ぐる有害無益なる武力集団である。

軍閥は諸悪の根源であった。国家の統一を妨げるだけでなく、軍閥の権力基盤たる軍隊が反社会的存在だったからである。佐々木は次のように論じている。「支那の兵は、社会の落伍者を集めたものである」（『支那陸軍改造論』）。「斯《こ》う迄《まで》堕落し切った乞食、悪漢、博徒、すりの群れを軍隊の名に依《よっ》て呼ぶことは余りに勿体《もったい》ない気がする」（『曙光の支那』）。「私欲を軍紀に代えて辛《かろ》うじて団結と統制を維持する戦争苦力《クーリー》の烏合《うごう》集団」が軍閥の軍隊であり（『支那陸軍改造論』）、彼らが「戦陣の間に身命を賭せしむるものは軍紀ではない、一にも銭《ぜに》、二にも銭である」。「彼等は始めから軍服を着けた匪《ひ》」であり（『曙光の支那』）、「掠奪、強姦は支那軍とは不可分の関係にある」（『南方革命勢力の実相と其の批判』）。

こうして佐々木は中国の国家統一を実現するために、軍隊の改造が先決であると結論づけるのである（『支那陸軍改造論』）。

支那陸軍は、改造されねばならぬ。支那国家の為めにも、人民の為めにも、軍隊夫《そ》れ自身の為めにも、改造されねばならぬ。野獣の集団から人類の集団に変らねばならぬ。私利私欲の集団から国家に迄《まで》改造されねばならぬ。

中国軍の改造とは、結局、国家本位の精神教育をほどこして軍紀を確立し、軍閥の私兵であることをやめさせ、中央政府の統制に絶対服従する軍隊につくり変えることであった。それは究極的には軍閥の解体を意味することになろう。そして、この改造がなされなければ、中国は滅びてしまう、といかにも彼らしい誇張表現を用いて佐々木は次のように述べている（同右）。

現状を以《もっ》てすれば支那の将来は、亡国あるのみである。……腐敗せるものは軍閥に止《とど》らず支那の全社会に亘《わた》り滔々《とうとう》として皆腐敗して居《お》るのである。……支那統一は不可能であるか。然《しか》り近く統一を予期することは出来ない。唯《ただ》望む所は、支那人の腐敗である。腐敗作用は之《これ》を促進すべし。……腐敗の促進と共に浄化作用は有効となる。……腐れ！　蛆虫《うじむし》の涌く迄《まで》腐れ！　支那の運命は、腐敗の極点に迄達すべきものである。臭気紛々《ふんぷん》〔芬芬〕たる腐敗の裡より、何者か現われざれば支那は滅亡のみ。

革命軍青年将校

中国軍の改造を主張した支那通は佐々木が初めてではない。かつては青木宣純も陸軍改造の意見書を中国政府に提出している（『支那軍事改良意見』）。また、坂西利八郎が参戦軍（辺防軍）の育成に傾けた熱意も、軍閥軍ではない真の国軍建設を目指したものであった。

佐々木が中国軍の改造のモデルとして最初に注目したのは、広東駐在武官時代に目撃した商団軍である。商団軍とは、広東の商人たちが自衛のために組織した民兵軍、自治義勇軍であった。実際に商団軍はしばしば軍閥の内争や兵変から広東を守るという実績を誇っていた。商団軍のことを研究し始めたとき、中国を救うものはこの種の義勇軍ではないか、とさえ佐々木は思った。「斯様《かよう》な自治軍の存在が腐敗せる軍隊を刺戟して改善を促し、或《あるい》は斯様な自治軍の中から遠大な理想を持て居る統率者が出て、支那陸軍の改造をやったり、支那を救うの途を講ずるようになればよいと、心密かに期待して居た」という(「支那改造の根本問題」)。

ところが、この商団軍は皮肉にも孫文と衝突して武装を解除されてしまう。商団軍滅亡後、それに代わって佐々木が注目したのが、黄埔軍官学校卒業の青年将校たちである。かつて軍官学校を参観した佐々木は、そのときはあまり強い印象を受けなかったようだが、彼の帰国後、実戦に参加して次第に頭角を現した軍官学校出身将校の行動を知るにつれ、目を見張るようになる。

彼がとくに着目したのは、彼らが勇敢なことと、掠奪をしないことであった。友軍ではあるが素質劣悪な客軍兵士の掠奪行為を制止し、彼らは住民の信頼を得つつあった。佐々木は、こうした新しいタイプの中国軍人を生んだ原因を、その精神的要素に求めた。軍官学校での革命教育により、彼ら青年将校の胸に革命精神、革命的情熱が植えつけられたことが、主たる原因にほかならないと佐々木は分析したのである。

蔣介石を国民革命軍総司令として一九二六年七月に始まった北伐で、軍官学校出身の青年将校が見せた活躍は佐々木の期待を上回るものであった。破竹の勢いで北伐が華中に達した頃、彼は次のように述べている(『南方革命勢力の実相と其の批判』)。

余は二年前に於て既に革命軍革新の曙光を認めたのであったが、今ここに見る現在の革命軍が、二年の短日月の間に長足の進歩を遂げ、近代軍備の理想に近づきつつあるを実見して、予期したる事乍《なが》ら意想外の感を甚だ強くせざるを得ないのである。

中国軍改造の必要性を指摘した支那通軍人は少なくない。しかし、国民党主導の革命軍のなかに改造陸軍の理想型に近いものを認めたのは、おそらく佐々木だけであった。

3 北伐への対応

孫文の死

広東から帰国して数カ月たった一九二四年一一月、佐々木は中国出張を命じられた。第二次奉直戦争の結果、その善後処理のために三角同盟を結んでいた段祺瑞、張作霖、孫文が北京で協議するはこびとなったので、佐々木は現地で国民党関係の情報収集を命じられたのである。ところが天津に着くと、孫文は病床にあった。佐々木が見舞うと孫文は喜んでくれたが、重態であることを感じないわけにはゆかなかった。大晦日に孫文は北京に入ったが、翌年三月、肝臓癌のためついに死去した。佐々木の著書『曙光の支那』には、

「病床の孫中山先生」と題した一章がある。そこには彼の孫文に対する傾倒と哀惜《あいせき》がよく表れている。

さて佐々木は、孫文の入京にともない北京に移ったが、そのとき公使館付武官室で陸軍の中国情報関係者の会議（諜報武官会議）が開かれている。出席者は参謀本部、関東軍、支那駐屯軍、坂西機関などからの代表、公使館付武官、各地に駐在する諜報武官と研究員である。会議冒頭代読された参謀総長の挨拶は、「元来我陸軍の対支諜報は他の追随を許さざるところにして、我朝野《わがちょうや》の信頼する所のみならず、実に我陸軍の矜持《きょうじ》なりし」と述べ、第二次奉直戦争の際の機敏な活動と情報収集によって、「新たに一段の光彩を加えた」と中国情報関係者を持ち上げた（「第二次奉直戦関係資料」）。

この会議で佐々木は国民党の状況を報告した。また、将来の情勢判断と対策に関する討議のなかで、佐々木は、三角同盟が長つづきする可能性を否定し、いずれ国民党は段祺瑞や張作霖に反対することになるだろうとの観測を示した。彼の回想によると、陸軍部内には、三角同盟が長期に維持され、それによって満蒙権益への脅威も避けられるとの希望的観測があったという。

軍閥への嫌悪感

諜報武官会議が終了したあとの一月末、佐々木は孫文死去を見越して、その後の国民党の動向を予測し「国民党の将来に就て」と題する電報を参謀本部および関係各機関に送っている（『陸軍省密大日記』大正一四年第五分冊）。佐々木は、孫文が死んでも国民党が解体する可能性はないと断じたが、あるいは一部に国民党解体を期待する向きがあり、彼はそうした観測に警告を発しようとしたのかもしれない。この報告の最後には次のような注目すべき一節がある。

孫文の死後国民党は依然概《がい》して今日の状態を以《もつ》て党の生命を継続すべく、唯《ただ》最近国民党が漸次《ぜんじ》建設的傾向を帯び来《きた》れるものが、孫文の死と共に或《あるい》は一層其《そ》の破壊力を逞《たくましゆ》うするに至るなきを保《ほ》し難《がた》しと信ず。

破壊力をたくましくするとは、無気味な予言であった。しかし、事態はやがてこの無気味な予言の方向に進んでゆくことになる。

このときの出張で、もう一つ注目されるのは、佐々木の目に映った軍閥や軍閥顧問たちの行状である。天津滞在中、彼は一人の壮漢と喧嘩沙汰となり領事館警察に連行されたが、この壮漢は彼を張作霖顧問と見誤り、故意に喧嘩を仕掛けたのであった。町野武馬、松井七夫らの軍事顧問は、天津日本租界の花柳《かりゆう》界で派手に遊びまわり、地元の顰蹙《ひんしゆく》と反感を買っていたのだという。

北京では、段や孫との善後会談にやって来た張作霖が毎晩麻雀三昧《ざんまい》で、起きるのは午後二時、息子の張学良は毎夜、花柳界で浮名を流し、軍事顧問たちは天津から芸者を連れて来て豪遊する有様だった、と佐々木は記している。事の真偽はさておき、ここでは佐々木の目に映った軍閥やその顧問たちの姿を重視しておこう。佐々木にとって、軍閥は嫌悪の対象であり、軍事顧問たちはその取り巻き連として軽蔑すべき存在と映っていた。

張作霖失脚の予見

その年（一九二五年）一一月、佐々木は再び中国に派遣される。今度は、郭松齢事件の発生により、郭軍との接触のために派遣されたのである。参謀本部では、郭軍の勝利を予想し、郭軍が奉天に入ってくる場合に関東軍と衝突しないよう工作せよ、との指示を佐々木に与えた。しかし、満洲におもむいた佐々木が郭軍と接触する前に、郭軍は壊滅してしまった。その後佐々木は、京津地方の視察を命じられ、一カ月あまりして帰国の途に就いた。

佐々木には郭軍の敗北がやや意外だったようである。張作霖の勝利は、郭軍の軍人を買収して寝返らせ、自軍の軍人には賞金によって戦意を昂揚させたことに理由がある、と佐々木は見た。日本人の多くは、謀反を起こした叛逆者として郭松齢を批判したが、これに佐々木は同調しなかった。

むろん郭松齢の反乱が郭自身の野心から生まれたものであることを、佐々木も否定してはいない。ただ、その挙兵の大義名分が人々の期待や感情に訴えていたことを、彼は重視したのである。奉天軍閥の苛斂誅求《かれんちゅうきゅう》・旧式政治の廃止と民衆政治を訴えた点で、郭は「民気」と「輿論」を代表していた。その意味で、郭の反乱は従来の軍閥抗争と必ずしも同じではない、と佐々木は分析した。旧支那通を含め多くの日本人が郭松齢の背後に国民党の影響があることを危険視していたなかで、佐々木はむしろ、国民党の影響を受けているがゆえに郭松齢を好意的に見たのである。

佐々木は、郭松齢の敗北にもかかわらず、張作霖の失脚を予見した。彼の調査では、在満日本人の少壮インテリや中国人の間に、張作霖の失脚を望む者が多かった。在満中国人にとっては、それだけ奉天軍閥の苛斂誅求がひどかったのである。こうした彼の見方は、いわゆる援張論とは対照的であった。佐々木は、支那課長佐藤三郎への報告のなかで次のように結論づけている。「張の失脚は遠からずして近く実現するに至るやも知れず、何れにしても小官は張の影の著しく薄くなれることを直観するものなり」と（「南満北支出張中の備忘」）。

ところで、この出張中、佐々木は、現実の問題にぶつかると自分の「支那観」がぐらついてくる、と述べている。中国ナショナリズムの昂揚を佐々木はそれまでほぼ全面的に支持してきたのだが、それが日本の権益や日本人の生命・財産を脅かす危険性を帯び始めると、彼の従来の見方にも一部動揺が生まれたのだろう。佐々木は、「帝国将校の支那研究は最後の結論を満蒙に於て見出さねばならぬ」と言う（同右）。満蒙の死活的利益を擁護するための具体的方策を見出すことが、彼の中国研究の究極的な目的でなければならなかった。

公使館付武官補佐官

出張から帰って半年あまりのち、中佐に昇進していた佐々木は公使館付武官補佐官に任命され、一九二六年九月、北京に着任した。当時、公使館付武官は本庄繁、佐々木の前任者は板垣征四郎であった。武官府には、支那研究員と称する大尉クラスの少壮陸軍支那通たちが出入りしていた。佐々木の北京在勤時代に、華北に駐在していた研究員には、永津《ながつ》佐比重《さひしげ》（23期）、柴山兼四郎《しばやまけんしろう》（24期）、楠本実隆《くすもとさねたか》（24期）、花谷正《はなやただし》（26期）などがいる。

支那研究員とは、諜報勤務とは離れて、中国語や中国事情を現場で研究するために派遣された将校である。支那通養成のために新しいシステムが導入されたことになる。実施に移されたのは、一九二二（大正一一）年で、陸大三一期生（一九二〇年卒）から適用されたようである（巻末の表4参照）。

もともとヨーロッパ諸国に関しては大公使館付武官のほかに、駐在員が派遣され、その国の言語や実情を研究させる制度があった。支那研究員制度は、予算の関係で中国には駐在員を派遣できないため、それが実現できるまでの過渡的措置と考えられた。佐々木が参加した一九二五年の諜報武官会議には、北京駐在と鄭州《ていしゅう》駐在の研究員が出席している。この会議では、参謀本部や北京武官府が、研究員をまず半年ないし一年間北京で語学研修に専念させるべきだと主張したのに対し、各地の武官は、最初から軍事的に重要な地点に研究員を駐在させ諜報任務に習熟させるほうがよいと指摘した。いずれにせよ、支那研究員制度の発足は、大きく変動しつつある中国の現状に対する陸軍としての反応の一つであったと見ることができよう。

北京に駐在する研究員や、しばしば各地から北京に状況報告に来る研究員と、佐々木との接触はあまり密ではなかったようである。当時、北京には応聘将校として北京陸大の教官をしていた多田駿も滞在していたはずだが、佐々木は多田との関係について何も語ってはいない。また、まだ北京にあった坂西とどのような接触があったのか、これも不明である。

佐々木と本庄の軋轢

武官の本庄と補佐官の佐々木との関係は、どうもしっくりいっていなかったように思われる。本庄の日記には、佐々木の前任者である板垣征四郎や、事実上佐々木の後任者としての役割を務めた（人事上は参謀本部からの出張あつかい）土肥原賢二については、親密さをうかがわせる記述が見られるが、佐々木についての記述はどこかそっけない。

佐々木によれば、本庄は情報収集のために自らよく出歩き、張作霖から呼び出しがあると、中国服を着て夜でも出て行ったという。武官が出歩くために補佐官の佐々木は外出できず、武官が収集してきた情報を筆記して電文にすることが佐々木の主な仕事であった。佐々木は本庄に対し、「これでは閣下の補佐官の仕事は下士官でも務まる」と揶揄した。本庄は怒らなかったというが、愉快ではなかったろう。

本庄繁（『陸軍大将本庄繁』）

当時、張作霖は安国軍総司令と称して北京に君臨していた。軍閥を嫌う佐々木は、張のもとに頻繁に出向く点でも本庄に批判的だったのだろう。佐々木自身は、張作霖の宴会には一切顔を出さず、会見することも故意に避けた。楊宇霆の部下が持ってきた賄《わい》賂《ろ》とおぼしき金を、その目の前で床にたたきつけたともいう。当然、張作霖の軍事顧問たちも佐々木に対する不快感を隠さなかった。松井七夫は、佐々木のような国民党通は北京ではなく南方に行くべきだから、そのように異動させるよう陸軍中央に勧告する、と語ったという。

国民革命の予感

北伐が始まったのはちょうどその頃である。北京に着任してから一カ月あまりたった一〇月下旬、佐々木は華中への出張を命じられる。彼が現地に着いたとき、革命軍は九江《きゆうこう》、漢口を攻略していた。

佐々木は、ほぼ一カ月にわたる華中出張で得た国民革命軍に関する観察を『北京週報』に寄稿し、翌年四月、それをもとにして『南方革命勢力の実相と其の批判』を刊行する。そこでは、まず、革命軍の成長が強調されていた。前述したように、黄埔軍官学校出身の青年将校を主体とする革命軍は、近代軍としてまだ十分でないところがあるとしても、革命的情熱を有し、従来の中国軍に比べれば軍紀も厳正であった。

佐々木は、革命軍の力量を、武力、政治部組織（ソ連赤軍を模倣した、いわゆるコミッサール組織）、民衆の利用、という三つの要素から構成されていると分析した。この三要素から判断して、軍閥軍に対する革命軍の優位と勝利は明らかである、というのが佐々木の結論であった。

佐々木の国民革命への共感は、中国統一への期待を含んでいた。もちろん、その統一は満洲を除いてではあろうが。これに対して、旧世代の支那通たちは、北伐の進行にもかかわらず、あるいはむしろそれゆえに、国家統一へのきわめて悲観的な見通しを述べていた。

たとえば関東軍参謀長の斎藤恒は、一九二七年の意見書で「革命以降支那に横行する所謂支那新人は之れ悉《ことごと》く偽支那人にして外国人なり」と述べ、中国の歴史、風俗、習慣を理解しない国民党指導者は外国人に等しいと批判した。さらに彼は、「支那人は統一の力なく従《したがつ》て又政府は国民を統一し得ず」と論じている（佐藤元英『昭和初期対中国政策の研究』）。

また同じ頃、すでに現役を引退していた多賀宗之も、次のように指摘して、中国統一不可能の見通しを語っていた（「支那は統一するや否や」）。

中心なき支那、権威なき政府の支配下に在《あ》る支那、国民教育の統一を欠きたる支那には、何《いず》れより考うるも真の統一を期待し得べき有力なる理由を見出す能《あた》わず。殊《こと》に支那人は自己の為めには忽《たちま》ち雷同《らいどう》するも、国家に対する共同心を欠くは統一上の大欠陥なるべし。斯《か》く考察し来《きた》れば、統一は事実に於て極めて困難にして之に対し期待すべき何物をも発見するに苦しむものなり。

坂西利八郎は退役直前の講演で、次のように述べている（『隣邦を語る――坂西将軍講演集』）。

支那今日の乱脈と困憊《こんぱい》とを来した原因は、北京では軍閥に政治的主張がなくて、ただ地盤を拡張し、自分の兵隊を養うがために、或《ある》土地を占めるということのために他を顧《かえり》みざるためであり、南方では三民主義というイカサマ主義を振り廻して、これまた地盤を拡げるために騒ぐためである。

さらに坂西は北伐を、基本的には従来の軍閥抗争と同質のものととらえたに過ぎなかった。彼は、このままでは「支那は壊れて行くというより外には仕方がない」と悲観的観測を語った。

新世代の評価

しかし、佐々木と同様、こうした悲観論に与《くみ》しない軍人たちもいたのである。とくにそれは、新しい世代の支那通に多かった。たとえば、佐々木と前後して二度広東武官を務めた磯谷廉介は、帰朝後の陸相官邸での報告会で、広東から生まれた新しい思想潮流に注意を喚起している。

磯谷によれば、この新思潮は、第一次大戦の民族自決主義に刺戟され、イギリス人から数十年虫けらのようにあつかわれてきたことへの反感が加味されたものである。国民党はこれを巧妙に利用しただけなので、新しい潮流を真に代表しているとは言えないが、だからといって北方軍閥の言い分を聞いて新しい潮流に逆らってはならない。新しい潮流は今や華中はもちろん華北・満蒙にもおよんでいるので、日本としてはその進路が軌道外に脱線しないよう指導することが必要だが、それには、たとえ威力を用いる場合があっても、そこに民族自決を目指す動きへの同情と共感が宿っていなければならない。

南京事件・漢口事件のあとであるためか、この帰朝報告で磯谷は国民党に対してかなり辛辣である。ただし、北伐を衝《つ》き動かしていた民族自決や国家統一の動きを、磯谷が肯定的に評価していたことは間違いない。

当時、支那研究員として山西省太原に駐在していた永津佐比重も、中国の新しい潮流に肯定的な目を向けた一人であった。彼は、国家統一を阻む中国の国民性について悲観的な観察を交えながら、次のように論じている。中国人に国家観念が濃厚でないことは明らかだが、だからといってそれが皆無であるわけではない。とくに最近南方から発生した「社会改革運動」にはそれがよく表れている。これが中国を本来の国家へと導く可能性もないとは言えない。むろん社会運動によっては、その内容が疑わしいものもある。しかし、中国には「革進」が必要だという自覚が青年たちを刺戟しつつあり、これが旧《ふる》い社会にも影響を与えている。中国では、北方の「封建的素朴無組織の習性的団結」と、南方の理知に醒めた「自覚的組織力」とが正面衝突しつつある、と（「支那社会及民族性観」）。永津は国民党が共産党の影響下にあることを批判したが、それでも国民党を含む南方勢力の近代性を評価し、それに基づく近代国家建設を展望していたのである。

微妙な変化

新しい支那通の間では、国民党の推進する民族自決や国家統一が肯定的に評価された。ただし問題は、その国権回復の動きをどこまで許容できるか、であった。佐々木は次のように述べている。

> 列強の植民地の状態から脱し、名実共に独立共和国たらんとする若き支那の勢力は圧迫から覚醒したる民族の当然執るべき手段である。嘗《かつ》ては西洋の為めに数十年の屈辱を余儀なくせしめられたる我が日本として、此の不幸なる隣人に同情するは当然ではないか？ 況《いわん》や此《この》隣国が、独立の実を全《まっと》うし、東亜の動揺の因を除くことができるならば、夫《そ》れは兼ねて我が日本の利益でもある。……今後と雖《いえど》も私は支那の民族主義的革命機運が、大なる蹉跌《さてつ》を見ることなく、成長するものであることを、堅く信じている。私は夫れを支那の為めにも、将《は》た復《また》我日本の為めにも、慶賀すべきものであると信じている。勿論、革命支那人の帝国主義排斥が、我国の利益を冒《おか》す所は多々あるであろう。併《しか》し眼を大局に注ぎ、東亜永久の平和と日東帝国の安泰とを顧念するならば、眼前の小利益を犠牲とするも、此の際将来の為めに慮《おもんぱか》る所なくして可ならんや、大我の為めに小我を棄てる必要はないであろうか？

佐々木の回想によれば、華中視察によって得た結論は、以下のようなものだったという。すなわち、革命軍は遠からず南京、上海も陥《おとしい》れ、国民党の新政権が樹立されるだろうが、国権回復の意図が濃厚であるので、いずれ満洲問題をめぐって日本と正面衝突する時期が来るだろう、と（『ある軍人の自伝』）。

だが、この回想とここに紹介した文章とは、かなりニュアンスが違う。おそらく、佐々木は自己の中国観に一部動揺を感じながら、まだ中国の国権回復の動きを楽観していたのではないだろうか。実は、ここに引用した部分は、『南方革命勢力の実相と其の批判』の「結尾語」（結論部）のあとに置かれた「巻頭語」のなかに含まれている。つまり、この書物は「巻頭語」が末尾にあるという不思議な構成となっている。ややうがった見方をすれば、この本の刊行時点で、彼の状況判断は「巻頭語」の趣旨と微妙に違ってきたので、あえてこれを末尾に置いたのかもしれない。

この著書には、もうひとつトーンがかなり異なる部分がある。本文の最後（「結尾語」の前）に置かれた「南京事件に就いて」という一節である。おそらく、本の刊行直前に書き加えられたのだろう。後述するように、ここには、中国の国権回復の動向に対する陰鬱《いんうつ》な予感が示されていた。

南京へ

この著作が北京で刊行された頃、佐々木はもはや北京にはいなかった。一九二七（昭和二）年三月、南京事件直後に彼は南京移駐を命じられたのである（ただし、しばらくの間形式的には公使館付武官補佐官のまま）。南京に進出した国民党との接触のため、佐々木の国民党とのつながりに、あらためて期待がかけられたのだろう。あるいは、松井七夫の差し金が功を奏したのかもしれない（当時、兄の石根は参謀本部情報部長であった）。

本庄は佐々木の出発について日記に何も書いていない。会見・会談・会食した人物の名前をまめに記述している本庄の日記としては、ちょっと意外である。本庄と佐々木、この二人の関係がこんなところにも表れている。

三月末、佐々木は北京を出発、大連・青島経由で四月上旬に上海に到着した。われわれも目を上海・南京に転じることにしよう。

第四章

ナショナリズムの相剋

土肥原賢二（『秘録　土肥原賢二』）

1　南京事件

勃発

事件は一九二七（昭和二）年三月二四日に発生した。その二日前の二二日、森岡南京領事は、国民革命軍（北伐軍、南軍）が軍閥軍（北軍）を破って入城してくるのは不可避と判断し、市内の居留民のうちまず婦女子を、次いで翌二三日には残りの居留民も領事館構内に避難させた。約一〇〇名の居留民が領事館内に集合した。領事館には長江《ちょうこう》（揚子江《ようすこう》）に停泊する駆逐艦から荒木海軍大尉率いる一〇名の水兵が警備のために派遣されていた。

二四日早朝、深夜に一旦途絶えていた銃声が聞こえたが、入城してきた南軍が北軍を武装解除しているのだろうと推測された。従来、掠奪暴行は北軍の敗残兵によって引き起こされたものが大半だったので、南軍による城内制圧はむしろ避難民の安心を誘うものであった。森岡領事は、警備のために据え付けていた機関銃（一挺）や土嚢《どのう》を撤去するよう荒木大尉に要請し、大尉もこれに同意して小銃を含む武装を解除した。南軍の反感を挑発することを恐れたためである。

午前七時、将校率いる約二〇名の南軍が来館し、北軍が逃げ込んではいないかと尋ねた。いないと答えると、そのまま立ち去ったので、南軍は暴行を働かないと考えられ、門が開放された。ところがその一〇分後、今度は四〇名ほどの南軍が警備兵の制止も聞かず領事館構内になだれ込んできた。さらに多数の兵士が続々と構内に乱入し、北軍と武器の有無を調査すると称して、領事館事務所や館員宿舎の掠奪を始め、さかんに小銃を乱射して威嚇した。

領事館警察の木村署長は、官邸に病臥中の森岡領事に報告しようと中庭に出たところ、狙撃されて左腕に貫通銃創《かんつうじゆうそう》を受けた。居合わせた駐在武官の根本博《ねもとひろし》少佐（23期）は所持品を巻き上げられ、上腰部を強打された。二人は領事の病室に駆け付けたが、そこにも暴兵が侵入し、領事の夜具や寝巻をはぎ取り、彼を目がけて実弾を発射した（命中はしなかった）。病室から逃げようとした木村署長は殴打され、根本少佐は銃剣で刺された。根本は二階から飛び降りて水槽に落ち気を失った。

虐殺の恐怖

八時頃、暴兵に煽動され無頼漢と化した多数の市民も侵入して数百名にふくれ上がり、居留民と館員の着ている衣服を奪い、床板、便器、空瓶まで持ち去り、館内には何も残っていない有様であった。居留民たちに対する乱暴は次のように描写されている（『南京事件警備記録』)。

婦女子に対しては幾度となく忍ぶべからざる身体検査を強要し将《まさ》に凌辱《りようじよく》に及ばんとしたる者さえあり、或《あるい》は男子を罵詈《ばり》乱打する等暴行言語に堪えず、居合《いあわ》せたる官民は何《いず》れも極力婦女子の安全に努めたり、然《しか》れ共《ども》支那兵の暴力は停止する所なく自動車庫よりガソリンを持出し当館に放火し一同を焼き殺さんと放言するに至りたるを以《もっ》て在留官民一同は本館裏空地に集り何《いず》れも死を覚悟す。

一〇時頃、領事は、警備の水兵が軍服を着用していると南軍の反感を刺激しさらに暴虐な行動に出るかもしれないと考え、荒木大尉に兵士の階級章や帽章を外すよう要請した。三〇分ほどたって暴兵が館員に銃を突きつけ金庫を開けろと迫っていたところへ、国民革命軍第二軍第六師党代表兼政治部主任なる者が現れ、脅迫を制止するとともに、窓ガラスを外していた暴民を殴って追い払った。この党代表は森岡領事に面会して遺憾の意を表し、保護の措置をとるべきむね約束した。次いで第六師長が来館し、南軍兵士の館内立ち入りを禁止する告示を領事館の入り口に貼り出し、南軍の衛兵をつけてくれた。

事態は鎮静化に向かったが、午後四時一〇分頃、英米軍艦からの城内砲撃が始まると、せっかくの衛兵もどこかにいなくなり、興奮した中国兵と市民により居留民は全員虐殺されるのではないか、との恐怖が再燃した。一時間ほどして砲声も止み衛兵も戻ってきたので、不安は薄らいだが、同夜は警戒を厳重にし一睡もできなかった。

翌朝、婦女子と傷病者を日本軍艦に護送しようとしているところへ、吉田海軍中佐が居留民救出のため決死隊を率いて来館した。一同感激し万歳を叫んだ。吉田中佐は領事館員とともに危険を冒して第二軍長程潜《ていせん》を訪問し、在留邦人の保護と掠奪の取締り、居留民引揚げのための自動車の提供を申し入れ、程潜はこれを快諾した。こうして、ようやく危機は去った。居留民は全員軍艦に避難し三日後上海に向かった。荒木大尉は艦上で自決をはかったが、一命は取り留めた。

「隠忍自重」も甲斐なく

これがいわゆる南京事件（正確には一九一三年と一九三七年に南京で発生した事件と区別するために第二次南京事件という）のあらましである。領事館のみならず、居留民の住居の大半が掠奪された。居留民に死者は出なかったが、南軍が長江に碇泊中の外国船舶を無差別に射撃したとき、日本海軍の水兵一名が流れ弾に当たって死亡した。実は、掠奪を受けたのは日本領事館だけではなかった。イギリス領事館、アメリカ領事館も掠奪を受け死傷者を出した。前述したように、この暴動に対して長江上の英米軍艦は砲撃を加えた。しかし、日本海軍は政府の指示を受けて「隠忍自重《いんにんじちょう》」し、砲撃を控えた。

本国政府の「隠忍自重」方針は、居留民や野党から激しい批判を浴びた。事件そのものもやや誇張されて伝えられたようである。領事夫人が夫の目の前で強姦されたとか、あるいは領事館内に避難した女性のなかに性的暴行を受けた者があったというような噂が、まことしやかに伝えられ、広まった。ことの真相は不明である。前述したように、そうした暴行の危険があったことは事実だが、おそらくはそれにだいぶ尾鰭《おひれ》が付いたのだろう。

南京事件以後も、長江沿岸各地で外国人居留民に対する排外的行動、あるいは集団的暴行が相次いだ。そのため、上海を除き、蘇州、鎮江、杭州、蕪湖、九江、南昌、漢口、長沙、常徳、宜昌、沙市、重慶、成都、萬県などから約三〇〇〇の日本人居留民が、営々として築き上げてきた生活拠点を棄てて、本国に着のみ着のままで引き揚げざるを得なかった。排外暴動には、租界や居留地で我が物顔に振る舞い中国人を見下してきた外国人居留民に対する長年の怨念が、北伐を契機に爆発したという側面もあった。避難民の体験談には、居留民の住宅での家内労働者（ボーイや女中と呼ばれた）に裏切られたという指摘がよく見られる。

漢口での日本の対応は、南京事件とは異なっている。四月三日、上陸中の日本の水兵が、彼らに石をぶつける中国人の子供を罰しようとしたことをきっかけとして暴動が発生、租界が混乱状態に陥った。領事は碇泊していた日本の軍艦に援助を要請、これに応じて数百名の陸戦隊が上陸し、威嚇射撃を行ない、ようやく暴民を追い払った。しかし、不穏な情勢が続き、漢口在住の日本人居留民二二〇〇はその大半が日本に引き揚げねばならなかった。

事件の衝撃

南京事件に事前の計画があったかどうかはともかく、なにがしかの煽動が作用していたことは疑いない。共産派の煽動を指摘する説もある。あるいは、共産派を含む反蔣介石勢力の謀略だという解釈もある。つまり、反共の蔣介石を苦境に追い込むために、列国との関係を悪化させようとして暴動を煽動した、という解釈である。日本政府はそうした解釈をとり、蔣介石を追いつめて共産派ないし国民党左派の反蔣介石勢力の術中にはまらぬよう、事件の善後処理には慎重を期した。それがかえって、政府の「隠忍自重」に対する批判の炎に油を注ぐ格好ともなった。

南京事件によって日本人が受けた衝撃は大きかった。それはまず第一に、日本が排外暴動の標的とされたことにあった。それまでも、北伐の過程で漢口、九江のイギリスの租界が実力回収されるなど、過激な排外行動が見られなかったわけではない。しかし、従来はイギリスが反帝国主義・排外主義のターゲットだったのであり、一月に漢口のイギリス租界が接収されたとき、日本人居留民はほとんど被害を受けなかった。日本が排外暴動の対象とされたのは、実質的には南京が初めてだったのである。

それまで南軍に対する評価が高かったことも、事件の衝撃を大きくした重要な要素である。軍閥軍たる北軍が敗走するとき掠奪・狼藉を働くのは、言わば「常識」に属したが、軍紀厳正な革命軍たる南軍は掠奪をしないという評判を得ていた。その南軍によって掠奪を受けたというのは、意外であるばかりでなく、大きなショックだったのである。

国家を象徴する領事館が襲撃され掠奪されたことも衝撃的であった。それは、国家の威信とプライドを傷つけた。居留民が受けた屈辱も、同胞としてたえられないものと感じられた。さらに、暴動の恐怖が一時的なものでなく、本国への引揚げを強いられるほど危機的な状況が続いたこと、また掠奪の被害が甚大であったことも、ショックを大きくした。

南京事件をきっかけとして、日本では、中国の「増長」や「暴慢」に対し毅然とした態度を要請する声が高くなったが、それは反帝国主義を掲げた排外暴動が国際法に違反する不法行為であり、居留民に大きな被害をもたらした、ということだけに理由があるのではない。そこには、日本人が事件から受けた心理的次元での衝撃も、多分に作用していたのである。中国に植民地意識で臨んでいた人々にとって、劣等民族あつかいしてきた中国人の「反乱」は許しがたいものであったろう。欧米人のそうした意識を批判し、中国に同情と共感を寄せてきた人々にとっては、日本人が欧米人と同列にあつかわれ、過激な反帝国主義・排外暴動のターゲットにされたことが衝撃であった。

「赤化」への憂慮

南京事件や漢口事件などの排外暴動が共産勢力の煽動によるものと考えられたように、北伐の過程で共産勢力は圧倒的な力を持つようになったと見られた。一部では中国の「赤化」の危険性さえ指摘されるようになった。

こうした中国の「赤化」の脅威を、佐々木到一はどのようにとらえていたのだろうか。もともと彼は中国に共産化の可能性があるとは考えなかった。佐々木によれば、一般に中国の「赤化」と呼ばれる現象は、「虐《しいた》げられたる境遇より脱却せねばならぬ」という感情から発する中国人の、やや強引な国権回復運動の一種にほかならなかった（『南方革命勢力の実相と其の批判』）。

ただし、それが過激化する危険性に警告を発することも彼は忘れなかった。それはすでに、孫文の死去直前に彼が送った電文で紹介したところでもある。彼は次のようにも述べていた。「支那自体が赤化する素因は目下の所は殆《ほと》んど無い」が、「只《ただ》恐るべきは彼等の所謂《いわゆる》愛国運動を合理的の方向に訴えないで、条約無視、外国産業の破壊等に依《よ》ることである」と（『支那陸軍改造論』）。

そして北伐開始後、革命勢力は彼が恐れた方向に動き始めた。「幾多《いくた》の若い未来の孫文は破壊を目的とする破壊の痛快さに酔って居る」ように見えた。「如何《いか》に善意を以《もっ》て見るも其の狂態は少しく脱線の嫌《きらい》が無いではない」と佐々木は憂《うれ》えた。「国民党の有する破壊力は孫氏の歿後《ぼつご》一層露骨にして獰猛《どうもう》となった、日本には好意を表すると云って楽観してはならぬ」とも彼は論じていた（『中国国民党の歴史と其解剖』）。これは、南京事件以前、排外主義が主にイギリスに向けられていた頃の主張である。

だが、その頃はまだ、国民党の排外主義的傾向を、革命を成就する途上での一時的脱線と説明することができた。排外主義的「暴挙」は、統治の責任がないからやれるのであって、いずれ国政を担当するようになれば、「彼等は列国の利害と感情を無視する乱暴放恣の挙を敢てすることは出来ないであろう」と佐々木は観測していた（同右）。

好漢蔣介石「自愛せよ」

国民革命の脱線に憂慮をつのらせながら、まだ革命への期待と共感を失わなかった佐々木に、大きな衝撃を与えたのが南京事件である。前述したように、著書『南方革命勢力の実相と其の批判』の、北京を離れる直前に書き加えた「南京事件に就いて」という節には次のような観察が記されている。

革命勢力の今の原動力は、共産党である。国民革命と国民党は、革命政権から殆《ほと》んど一掃され、世界革命と国際共産党が残されているのである。

北方軍権者〔軍閥〕の威力が低下すれば、以上の事態〔南京事件のような「蛮行」〕が、北方地方にも伝播すべきは自明の道理である。而《し》かも此の場合、統制に不充分なる支那兵と暴民とが、吾勝ちに暴行に加入すべきも亦《また》想察するに難《かた》くないと思う。

（〔 〕内は筆者注）

佐々木は南京事件の背後に共産勢力の指導があるとにらんだ。事件は、極左勢力が蔣介石を陥れるために引き起こしたものだと見なした。言い換えれば、革命勢力のなかで蔣介石あるいは国民党の力が後退したことが、事件の背景と見なされたわけである。ということは、蔣介石や国民党に対してまだ否定的な見方が示されたわけではないことになる。事件の責任はあくまで共産勢力に求められた。それゆえ、「好漢蔣介石自愛せよ」と、蔣介石の主導権回復への期待が語られたのである。

共産党の影響力が増大するとともに、革命軍の統制が混乱し、北伐が華北に進んでゆけば不祥事が繰り返される危険性は大きかった。佐々木はその陰鬱な展望を示唆している。しかし、国民党に対する期待や共感が失われたわけではなかった。

佐々木が前任地の北京から上海に到着した直後（一九二七年四月）、蔣介石は同地で反共クーデターを敢行し、次いで南京に国民政府を樹立した。もともと広東にあった国民政府は、北伐にともない武漢に移転していたのだが、この国民党の左派と共産派からなる容共国民政府に対抗して、蔣介石は反共国民政府を成立させたわけである。こうして反共派・穏健派のリーダーとしての蔣介石に対する期待は高まった。と同時に、中国は北京政府、南京政府、武漢政府という鼎立《ていりつ》状態となった。
四月末、佐々木は蔣介石の招きにより上海から南京におもむいた。黄郛《こうふ》を通訳として蔣介石と会見した日の翌日、佐々木は事件後一カ月たった領事館とその周辺を検分した。掠奪が意図的に外国人をねらったことはたしかであった。事件を煽動した共産党に対する彼の批判は激越である。この年六月に書き上げた著作で佐々木は共産党を、次のように描いている（『武漢乎南京乎』）。

救国愛民を以《もつ》て天と人と己《おのれ》を欺き、主義を売物にして、其《そ》の実《じつ》は、盗品を横領し、すりのうわ前を撥《は》ね、汎《あら》ゆる悪徳を、被圧迫階級解放てう正義の蔭に匿《かく》して居る者である。彼の人を殺して腹部を割《さ》き、内臓を抓《つか》み出し、肝を取って食うあの物凄き悪魔の形相を想像せよ、……共産党は実に、斯《か》くの如き冷酷無惨なる、鬼畜と選ぶなき非人間である。

こうした共産党が煽動する暴力的な排外運動に対して、佐々木は断乎、膺懲《ようちょう》を主張する。

人間の良心を持たぬ餓狼《がろう》狂犬の暴民と、之を背後に在って操縦する悪魔とは、是等《これら》の頭上に対し、科学の恐るべき利器が吐き出す銃砲爆弾の雨を降らすべきである。国家的責任を自覚せず、人類に対する責務を重んぜざる動物には、利器を以て臨むの外に手段がない。是等の動物は、狂犬と同様屠殺さるべき十分なる資格を持っているのである。

「腫物《はれもの》に触《さわ》るな」的態度は、支那の暴徒には断じて不可である。彼等に対しては、時々天譴《てんけん》を見舞わねばならぬ。

佐々木の膺懲論は、のちの歴史の展開を考えると、なかなか意味深長である。ただしこの時点では、それでもなお彼は国民革命に対する期待を失ってはいない。彼は共産主義は中国の国情に合わないと論じ、三民主義に基づく本来の国民革命の実現を望んだ。

支那には共産革命を完成する条件が備っていない。だから共産党の工作は、只《ただ》支那を破壊するばかりである。三民主義は全民主義であって、階級闘争を慫慂《しょうよう》するものでない。支那の革命は民族民権民主主義を徹底させればよい。

吾人《ごじん》は支那の三民主義革命に反対するものではない。併《しか》し国民革命の本義に還り、合理的手段に依って、国権の恢復を企図せぬ限り、支那の国家は滅亡するの外はないと覚悟せねばならぬ。

佐々木の判断からすれば、武漢政府は共産党に征服されてしまった。したがって、国民革命の実現は、蔣介石の南京政府によってなされねばならなかった。

南京常駐へ

佐々木は参謀本部から何度も南京常駐を指示された。南京事件で駐在武官の根本博が負傷して以来、南京武官は事実上、空席だったからである。参謀本部としては、できるだけ早く蔣介石との間に安定したチャネルをつくりたかったのだろう。南京事件以前にも、参謀本部は鈴木貞一を派遣し、国民党に接触させていた。

佐々木は、なかなか南京に常駐しようとはしなかった。事件後の荒廃した南京には適当なオフィスが見つからなかったからであり、だからといって南京政府から事務所をあてがわれ蔣介石の居候《いそうろう》のようなかたちになるのはどうしても嫌だったからだという。その頃、松井石根は佐々木に対し、蔣介石に食い入って第二の坂西になれ、そのためには顧問になるのが早道だ、と助言した。だが、張作霖の取り巻きを見てきた佐々木にとって、顧問は最も厭《いと》うべき存在であり、時代錯誤的であった。軍事顧問は軍閥を利用しようとして、かえって利用されるだけであった。

七月初め、関東軍から派遣された第一次山東出兵部隊の参謀、板垣征四郎から、国民革命軍の連絡員を山東に派遣したらどうか、との提案が上海の佐々木のもとに届く。居留民保護以外に他意がないことを示し、北上してくる革命軍との衝突を回避することが、その目的であった。佐々木はこれに同意し、かつて郭松齢の幕下にあった殷汝耕《いんじょこう》を介して、南京の蔣介石に伝えた。間もなく蔣介石が上海にやってきたとき、佐々木は彼に会見し、その同意を得た。例によって黄郛が通訳であった。

佐々木は中国側連絡員（袁良《えんりょう》）を青島へ護送したが、この試みは失敗に帰した。日本の新聞が連絡員派遣の目的を日本軍「監視」のためと報じ、それが現地日本軍を不用意に刺戟したからである。現地軍の協力が得られなければ、連絡員の存在は無意味であった。すぐさま連絡員を上海に連れ戻さねばならなかった佐々木は面目をつぶした。日中両軍の連絡にはなかなかやっかいで微妙な問題が介在したのである。ただ、このときの北伐は徐州で頓挫《とんざ》し、連絡員を必要とする事態にはならなかった。

この前後、佐々木は上海と南京を往復しながら、鎮江、九江、漢口にも出張し現地を視察している。一〇月下旬から一一月下旬にかけては、参謀本部第二（情報）部長、松井石根に随行し駆逐艦で漢口に行った。その彼がようやく南京に常駐するのは、この年の暮れである。

革命の堕落?

佐々木に南京常駐をうながしたことに示されているように、陸軍は穏健派としての蔣介石との提携を模索し始めていた。参謀本部は、南京事件の責任を過激分子としての共産派に帰すとともに、できるだけ蔣介石など穏健分子を擁護し、必要であれば援助も惜しまない、との方針を掲げた。同年夏の東方会議では、松井石根が革命勢力の現状を分析し、軍事の実権を握る蔣介石が穏健なのは日本にとって有利な事態の展開である、と論じた。

前述したように、蔣介石を評価し擁護する点で佐々木は人後に落ちなかった。真の国民革命は、共産派に乗っ取られた武漢政府ではなく、蔣介石の南京政府によって達成されることを佐々木は望んだ。だが、佐々木は南京政府に一抹の危うさが潜んでいることにも気づき始めた。

それは、「革命の堕落」の危険性であった。佐々木は次のように論じている。南京政府を樹立するにあたり、蔣介石は武漢政府に対抗するため、国民党の外部からも人材を求めざるを得なかった。そのために、革命意識を持たない分子が入り込み、革命の気力が減退するだけでなく、国民党の凝集力が低下するおそれが出てきた。これによって蔣介石が新しい軍閥に退化してしまうならば、それは革命の「堕落」にほかならない、と。革命の「堕落」などという一見左翼的な視点を打ち出したのは、支那通軍人のなかでも佐々木一人だけだっただろう。

不変の「民族性」

旧支那通であれば、革命の「堕落」こそ望むところであった。蔣介石の国民党が既成の軍閥と同質の政治勢力となっても、それは穏健化にほかならず、歓迎すべき変化あるいは成熟であった。ところが、国民革命に共感を寄せる佐々木の判断は、それと正反対だったのである。しかも、「堕落」を「退化還元」とも表現し、これを次のように中国の民族性に関連づけた（『武漢乎南京乎』）。

若《も》し是等《これら》革命派が首都を陥《おとしい》れ、建設に着手する時が来るとすれば、彼等は一層堕落して一斉に還元作用を始めるに違いない、支那の民族性にも、家族制度にも、国家制度にも、此の堕落を促進する要素が無限に含まれている。
青年血気の徒も忽《たちま》ちにして骨を抜かるるに至る誘惑が、支那の民族性と伝統と制度の上に無限に存在しているのである。

佐々木は、革命の成功のためには、この「民族性」が変わらねばならない、と結論づけた。おそらく旧支那通は中国人の「民族性」を不変のものとし、これに蔣介石が呑み込まれることを「穏健化」と見たのだろう。だが、佐々木は違った。「民族性」を変えることが革命成功の要件とされ、それができなければ革命派は「退化還元」し「堕落」してゆくほかないと指摘された。そしてやがて彼の目には、革命は「堕落」し、不変の「民族性」に圧倒されてゆくように見えてしまうのである。

2 済南事件

革命軍に従軍

一九二七年九月、南京政府と、共産派を排除した武漢政府とが合同する。国共合作は名実ともに終わりを告げた。翌年一月、蔣介石が国民革命軍総司令に復職し、四月、北伐が再開される。

このとき、佐々木は革命軍総司令部に従軍を申し入れ、許可された。総司令部は、日本側との衝突が起こりそうになった場合の連絡役を彼に期待したようである。北伐軍の首脳には楊杰《ようけつ》(第一集団軍総参謀長)、熊式輝《ゆうしきき》(同参謀副長)など、日本の陸士・陸大出身者が少なくなかった。蔣介石は佐々木に作戦面での助言を求めたいと述べたが、多分にそれはリップ・サービスで、軍事情報が必ずしもオープンに提供されたわけではない。また、従軍中、本国との連絡は婉曲《えんきょく》に拒否された。

従軍の体験は、数年後に刊行された彼の著書にくわしく描かれている。その従軍記によれば、佐々木は国民党がいずれ中国を統治することを確信してきたので、その軍隊と日本軍との間に「精神的の連鎖」をつくることを自らの義務と考え、将来手をつなぐべき革命軍が真に「改造陸軍」になり得ているかどうか、実際に確認するために従軍を望んだのだという(『支那内争戦従軍記』)。

彼が見た革命軍の実態はどのようなものだっただろうか。日本軍と比較すれば、組織の能率や戦術のレベルでは、たしかに近代軍とは言いがたい部分が少なくなかった。だが、軍紀は意外に厳正で、掠奪・強姦を見かけたこともなかった。

むろん、革命軍には少なからぬ問題があった。まず、急造軍隊であるため、軍官学校出身の青年将校は年齢に比して階級が上がり過ぎており、それゆえ「夜郎自大《やろうじだい》」の傾向が見受けられた。また、水増し軍隊であるため、「革命の寄生虫」が入り込んでいた。佐々木の表現によれば、「三民主義の何処《どこ》かに腫物ができて、そこから膿汁《のうじゅう》がにゅるにゅる流れているよう」であった（同右）。

彼が最も警戒したのは、革命軍が進出してゆく先々で、国民党のポスターが「打倒日本帝国主義」と、日本だけを反帝国主義のターゲットとしていることであった。「無知」な兵隊は、打倒帝国主義の意味を、外国人に対する蔑視・迫害・襲撃と理解している、と佐々木は観察した。南京事件の前例があるだけに、これは軽視できなかった。実際、間もなく彼はその恐るべき結果を身をもって味わうことになる。

第二次山東出兵

日本が打倒帝国主義のターゲットとなった原因は、主として、前年の山東出兵にあった。これに対する反撥が反日論を強めていたのである。そして、佐々木の従軍中、日本政府（田中義一内閣）は居留民保護のため再び出兵を決定する（第二次山東出兵）。これがさらに反日論を刺戟した。しかも、前年とは違って、派遣された部隊（第六師団）は、青島に上陸するとすぐ済南に急行した。

済南は山東省の省都で、城内と城外の商埠地《しょうふち》から成り、約二〇〇〇人の日本人居留民の大半は商埠地に居住していた（租界では外国が行政権を行使したが、商埠地ではそうではない）。四月二六日未明、第六師団の先遣《せんけん》部隊（第一一歩兵旅団）が夜明け前にもかかわらず居留民の熱い歓迎を受けつつ済南に到着、商埠地に警備区域を設け、防禦工事をほどこした。

間もなく、革命軍に敗れた軍閥軍（北軍）が済南に引き揚げてきたが、商埠地では掠奪・狼藉を働くことなく、北に敗走していった。済南には、戦禍を避けてきた者や、それに乗じて利益を得ようとする者が流れ込んでおり、その数は数万とも言われた。北軍の敗残兵が軍服を脱いで徘徊《はいかい》している例もあった。しかし、日本軍の警備が成功したためか、重大な事件の発生は抑えられていた。

五月一日、戦勝軍としての革命軍が続々と済南に到着し始めた。翌二日には蔣介石が到着し、済南城内に本部を構えた。同日、福田第六師団長も師団本隊を率いて、城外の商埠地に到着した。

この日、佐々木は、斎藤第一一旅団長のもとを訪れ、蔣介石の申し入れを伝えた。そのなかには、商埠地の防禦設備を撤去してほしい、という項目があった。革命軍の将兵を刺戟しすぎるから、というのがその理由であった。斎藤旅団長はこれを受け入れ、土嚢《どのう》、拒馬《きょば》、鉄条網その他の防禦設備を撤去した。しかし、これが結果的には仇《あだ》となった。中国兵が日本軍の警備区域内に入り込み、衝突事件が起きやすくなってしまったからである。

衝突

佐々木は、中国側の対日敵愾心《てきがいしん》がことのほか激しいだけでなく、日本側も異様に気が立っていることに気がついた。日本軍の若い将校のなかには、なぜ革命軍のために世話を焼いているのか、と佐々木に詰め寄る者もあった。居留民のなかにも血気にはやる者が見られた。

こうしたなかで、翌三日午前、衝突が発生した。日本側によれば、原因は、満洲日報取次販売店で革命軍兵士

事件当時の済南城城門（『ある軍人の自伝』）

が掠奪を行なったことにあるとされたが、中国側の言い分では、同販売店付近に革命軍兵士が日本帝国主義を非難する宣伝ビラを貼ろうとしたところ、それを日本人が妨害したことが、紛争のきっかけとなった。いずれにせよ、同種の衝突が商埠地内の各地でほぼ同時に発生したようである。日本軍と衝突したのは、日本の陸士出身で三五歳の軍長、賀耀祖《がようそ》率いる第四〇軍の兵士だったと言われる。

かくして、商埠地内での戦闘は収拾困難なものとなった。四日までの戦闘で、中国側に

は一〇〇〇人の死傷者が出たという。日本側では軍人の戦死者一〇人、居留民の死者一三人であった。外務省は後日判明した居留民殺害の状況を次のように報告している（「済南事件邦人惨殺状況」）。

腹部内臓全部露出せるもの、女の陰部に割木の挿込みたるもの、顔面上部を切落したるもの、右耳を切落され左頬より右後頭部に貫通突傷あり全身腐乱し居れるもの各一、陰茎を切落したるもの二。

遭難

同じ三日、佐々木も難に遭っていた。衝突の発生報告を受けた蔣介石は、佐々木に日本軍への停戦要請の使者となることを依頼した。日本側に蔣介石の意思を伝えた佐々木は、今度は中国側に停戦の徹底を求める使者となった。蔣介石の司令部に戻った佐々木は、日本側の要請を伝えたが、蔣介石の依頼により再度、中国側の停戦意思を伝えるために、城内から商埠地に向かった。

ところが、中国軍の前線を通過しようとしたとき、彼の車は停められ、副官の姚毓琛《ようりゆうしん》少佐（広東出身、二二歳）とともに引きずり下ろされた。日本軍の警戒線を通過するときの用意として車内に隠されていた小型の日章旗が発見され、中国兵は血相を変えた。副官の姚少佐は、「この人は総司令（蔣介石）の賓客《ひんきやく》だから殺してはいけない」と叫んだが、その広東語を解する者はなかった。

殺、殺、殺

彼と副官は多数の暴兵と付近の暴民に取り囲まれ、縛り上げられた。兵士は蔣介石直系軍ではなく、北伐に同調する軍閥、馮玉祥麾下《きか》の軍隊に属しているようであった。鉄拳が佐々木の顔や頭に降り注ぎ、ポケットは切り裂かれ所持品はすべて奪われた。「殺せ、殺せ」という声が周囲にみなぎった。ある者は拳銃を振りかざし、それを彼の肩に押し付け撃ち下ろそうとした。別の者は二本の指を突き出し、彼の両眼を抉《えぐ》るまねをして威嚇した。たまたま佐々木を見知っている中国軍将校が乗馬で通りかかり、驚いて彼の縄尻を取っている下士官に耳打ちした。下士官は「絶対に貴下を殺すことはありません」とささやき、佐々木を保護するかのようであったが、ときおり佐々木を見舞う鉄拳を制止することはできなかった。

佐々木はまるで捕虜であった。通りを引きずり廻され、大勢の野次馬がそのあとを遠巻きに追ってくる。二階の窓々からは「殺、殺、殺」、「打倒日本帝国主義」という叫びが浴びせられた。城門に戻ってきたとき、ようやく蔣介石の総司令部から使いが来て佐々木は救出された。総司令部に運ばれその一室のベッドにたどり着いた佐々木は、一気に緊張が解けて昏倒した。目が覚めたとき、全身打撲で体のあらゆる部分が痛み、とくに右腕はしばらく自由がきかず、下顎骨挫傷のため食事も流動食しか受け付けなかったという。

汚名

五月八日、福田第六師団長は、中国側が済南事件に関する日本の要求に応じないことを理由に、本格的な武力行動に訴えた。居留民保護という当初の目的が、実質的には中国軍「膺懲」へと切り替わっていた。事件の原因は中国人の対日軽侮心《けいぶしん》にあるとされ、それを根絶するために膺懲が叫ばれたのである。おそらくそこには、居留民の惨殺（死体への凌辱）に対する怒りから、報復の意味もあったであろう。一一日に済南城を陥落させたとき、中国側の死者は一般市民が大半で三六〇〇人にのぼったという。

そのとき佐々木はもう済南にはいなかった。五日に、青島経由で上海に戻ることを命じられたからである。上海到着後、今度は状況報告のため一時帰朝を命じられた。東京に着いたところ、「許されるなら再び南京に帰って革命軍のために尽くしたい」と彼が語ったという新聞記事を参謀本部の後輩から突き付けられた。東京に向かう途中、新聞記者のインタビューに対して、何も話すことはないと答えただけなのに、それをもとに捏造《ねつぞう》記事が掲載されてしまったのである。佐々木は憤慨したが、彼ならばそのくらいのことはしゃべるだろう、と周囲の者が考えたことも問題であった。

陸軍大臣官邸で、東京の新聞社幹部に対して済南事件の概要を説明したときには、白川《しらかわ》義則《よしのり》(1期)陸相から、余計なことを言い過ぎる、と苦言を呈された。事件発生の原因を中国側の不誠意だけに求めず客観的に論じようとしたのが、陸相の気にさわったようであった。また別の機会に、新聞社に請われて講演を行なったところ、革命軍の肩を持つとはけしからん、と暴力団が凄んできたこともあった。さらに、暴行を受けながら仇もとらず、おめおめと生きて戻って来るとは腰抜けめ、と罵《ののし》る差出人不明の手紙も舞い込んだ。軍人が最も嫌う卑怯者、売国奴あつかいであった。佐々木に言わせれば、「縁の下の力持ちが踏んだり蹴ったりされたあげく、縁の下からはい出るところを、又もや頭上に放尿されたような体たらくであった」(『ある軍人の自伝』)。

講演の主旨がまたもや陸相の勘気にふれたせいか、佐々木は転地療養を命じられた。田《た》代皖一郎《しろかんいちろう》(15期)支那課長から、南京に戻ってほしいとの要請を受けたのは、伊豆で温泉巡りをしていたときであった。

憤懣

六月上旬、南京に戻った佐々木ではあったが、国民政府や革命軍総司令部とはほとんど没交渉となった。中国側が、佐々木との接触を断ったのである。すでに蔣介石は、済南で佐々木を見舞ったときに、日本軍の行動に強い不信の念を表明し、日本軍との提携の望みはなくなった、と語ったという。

済南事件後、知日派の外交部長、黄郛は失脚し、欧米派の王正廷《おうせいてい》がその後任となった。王は、英米との提携によって日本を牽制しようとする。広東以来、同情と共感を寄せてきた国民党に無視され、裏切られた思いに佐々木はさいなまれた。

南京帰任後、済南事件の処理をめぐって、佐々木は強硬論を具申している。中国側が「非行」の責任を回避しようとするならば、日本としては武力に訴えて膺懲する以外にない、と彼は論じた。事件を解決するには、日本側が一方的に譲歩するか、それとも軍事行動で中国を屈服させるか、どちらかでしかない、というのであった。

むろん佐々木の膺懲論が突出していたわけではない。膺懲論は、支那通であると否とを問わず、陸軍の大勢であった。むしろ、佐々木ですら膺懲論を唱えるにいたったことが、ここでは注目されるべきだろう。しかし、済南事件の交渉は、佐々木の主張とは反対に、日本が当初の立場から後退することによって妥結した。佐々木は、この南京での交渉からも排除された。

佐々木は怏々《おうおう》として憂鬱な日々を送った。彼は、ほぼ毎日、南京郊外での銃猟に気を紛らした。一人で、あるいは友人と、雉《きじ》、鴨、雁、鳩、兎、獐子《のろ》を撃った。彼の回想によれば、「胸奥の憤懣と焦燥とは私をして殺伐な遊戯から引き放すことを許さなかった」。銃猟ができないときは、コンクリートに空瓶をぶつけることで鬱憤を晴らした。「一種の発狂だったが、この狂的行為が中和剤となった。破壊作業の後に来るものは不思議な落ちつきだった」(『私は支那を斬く見る』)。

幻滅

済南事件とその後の国民政府の態度は、佐々木の中国観を大きく揺るがした。彼は次のように述べている。「済南事件に直面して、予の夢が完全に破れた。広東時代の予はただ若かったことを自覚せねばならぬ」と(『ある軍人の自伝』)。こうした彼の失望と幻滅は、済南事件のショックだけではなく、その後の国民党による無視によっても大きくなったのだろう。佐々木は、日本では、革命軍のまわし者でもあるかのように中傷された。ところが、中国では不信きわまりない日本陸軍のまわし者として、無視され、冷遇されたのである。

では、佐々木の中国観はどのように変わったのか。それは、北伐完成後の中国軍に関する彼の分析のなかに、よく表れている(『支那陸軍改造論』増補版)。

まず彼は、国民革命軍が軍閥軍と本質的には変わらないものと見るようになっていた。それは、革命軍がいまだに「封建的私兵的意識」を色濃く有しているからであった。馮玉祥、閻錫山など革命軍に同調した軍閥系の軍隊だけでなく、蔣介石直系の革命軍の中核にさえそうした私兵的性格が見られた。佐々木が以前使った言葉を用いれば、それは革命の

「堕落」であった。旧《ふる》い中国への「退化還元」でもあった。革命軍は真の国軍にはなり得ていなかった。国軍が形成されなければ、私兵集団を率いる軍閥が、従来のように地方に割拠する事態は変わるはずがなかった。

しかし、かつて佐々木は、黄埔軍官学校出身少壮将校の「革命的情熱」を高く評価し、それが軍を主体とする革命勢力を「堕落」から救うものと考えたのではなかったか。

実は、佐々木はもはや「革命的情熱」を肯定的には評価しなくなっていたのである。むしろそれは否定的にとらえられた。彼は次のように論じている。中国軍の革命教育は、たしかに将兵に闘争心を教えることには役立った。戦時の要請に応じて、戦場で笑って死ねる軍人を大量に生み出した。しかし、それが近代軍としての厳正な軍紀を確立することにつながったかというと、多分に疑問である。そのことは、南京事件や済南事件で実証された(彼自身、身をもってそれを体験した)。過剰な革命教育や政治教育は、むしろ近代的な軍紀の確立を阻害しているのである、と。

革命は支那を増長傲慢にしなかったか

佐々木の批判は革命軍だけにとどまらず、革命そのものにも向けられてゆく。

現在教養なき兵卒の脳裡に烙印《らくいん》せられたる此《この》「打倒帝国主義」なる概念的観念は「外

国人は吾等を苦しむる悪鬼である。吾等は外国人を凌辱し殺傷して復讐せねばならぬ」と云うような極端な解釈に依《よ》って、兵の兇器となっているのは事実であって、それは国民革命の進行過程中に起った大小幾多の出来事が之を証明している。而《しか》して彼等は之を総《すべ》て共産党の行為となしたが、共産党を駆逐し、党軍を完全に国民党の領導下に置いた後でさえも、不祥なる事件の発生を予防し、禁熄《きんそく》することができなかった。

かつて不祥事の責任は共産党に求められた。しかし、もはやその責任は共産党ではなく、国民党に求められるようになったのである。過激な排外主義的暴動、外国人への攻撃も、もはや革命の過程での一時的脱線にすぎないとは説明できなくなった。それは、国民党による革命指導の必然的結果とさえ考えられるようになった。佐々木は次のように自問している。「革命は一層支那を増長傲慢にしなかったか?」

3 満洲事変

張作霖爆殺を献策?

前述したように、佐々木は張作霖爆殺のアイデアを河本大作に吹き込んだのは自分だと述べている。北伐で奉天軍が敗れることは避けられないと予想し、その「機会に一挙作霖を屠《ほふ》って、世を学良一派の似而非《えせ》新人的雷同分子にゆずらしめ、しかる後彼の腕をねじ上げて、一気呵成《いっきかせい》に満州問題を解決せんことを勧告した」という（『ある軍人の自伝』）。つまり、張作霖を除去すれば、新しもの好きで半可通の張学良は国民革命を受け入れようとするだろうから、満洲は革命の怒濤に巻き込まれるだろう。そうなれば、これまで無関心であった日本国民も満洲問題の重大性に気づくだろうから、そこで国民の理解と支持を得て問題の解決に進むことができる、というわけである。

佐々木はこの主旨の書簡を河本に送り、特別の暗号を組んだ密電が旅順と南京との間を数回往復したという。したがって、張爆殺は佐々木の「献策」に基づいて河本が画策したものだと彼は主張する。だが、彼の主張を裏づけるものは何もない。

日中衝突不可避との予想

そもそも佐々木は満洲問題をめぐる日中対立を、いつ頃から明確に意識し始めたのだろうか。広東時代の国民党は満洲を外国同様のものと見なし、ほとんど関心を向けていない、と彼は観察していた。当時、孫文は、国民党が中国を統一したら満洲は日本に委任する、と佐々木に語っていたという。それゆえ、国民革命が成功して初めて満洲問題解決の鍵を握ることができる、と彼は期待していた（同右）。

中国ナショナリズムの昂揚が日本の在満権益に脅威を与える可能性を佐々木が憂慮し始めるのは、前述したように、郭松齢事件に伴う出張のときだが、彼の著作から判断する限り（のちの回想とは異なり）、南京事件までは、在満権益をめぐる日中の正面衝突について危惧の念を表明したことはない。南京事件以後、彼の見方はやや悲観的色彩を帯び始め、衝突の可能性について陰鬱な予想を示すようになるが、北伐従軍中には革命軍将校に次のように語っている。日本は満洲の主権には関心を持たない。もし張作霖に代わって国民党が満洲を治めるとしても、日本民族の生存上の要求に理解を示してくれるならば、それに反対するものではない、と。案外、佐々木はまだ、満洲をめぐる日中対立を妥協に導く可能性に、なにがしかの期待を寄せていたのかもしれない。

だが、済南事件以後は、そうした期待もほとんどしぼんでしまう。南京を訪れた長谷川《はせがわ》如是閑《にょぜかん》が懇談を求めてきたとき、佐々木は、日本軍人としての立場を離れて国民革命を論じることはできないと繰り返し述べた。如是閑との論争は平行線をたどるばかりであった。佐々木の議論は、国民党の横暴と排日の愚かさを非難することに重点が置かれるようになった。一九二九（昭和四）年八月、内地の連隊付に転補されて帰国したのち（翌年八月には大佐に昇進して連隊長となる）、講演の下書きに佐々木は次のように書いている（「国防上の見地より支那を如何に見るべき乎」）。

日本が長期戦を戦うには、どうしても中国および満蒙の資源が必要である。その資源を獲得するには、武力によって強奪するか、あるいは平和的に輸入するか、二つの方法があり、後者の方法が望ましいことは当然だが、遺憾ながら結局は武力をもって圧迫を加えなければ、所要の資源を獲得することはできないだろう。なぜならば、中国の対日感情が悪化しているからだけでなく、中国が復興して独立の自尊心が高まれば高まるほど、日本を軽視するからであり、また欧米諸国を対日牽制に利用するからである。

中国は現実を無視して遮二無二《しゃにむに》国権の回復を目指して猛進している。自国の内情と実力を忘れて、大国たらんとしている。日本としては、中国の国権回復に対し精神的には同情を示してやるべきだが、現実を無視してすべての既得権を投げ出すことはできない。したがって、一朝事《いっちょうこと》あれば、武力を使って中国の資源を押収しなければならないが、それは必ずしも簡単ではない。中国はまるでミミズのようなもので、たとえ裁断しても死ぬわけではないからである。

佐々木は、中国が性急に国権回復を目指す限り、在満資源獲得のため武力行使がほぼ不可避になると論じた。この強硬論には、どこか悲観と諦観《ていかん》が漂っている。国権回復は認めてやりたいし、武力も使いたくはないが、両国がこのままでゆけば、いずれ行使せざるを得なくなるだろう、という諦めである。と同時に、武力を使えばすぐ中国は屈服する、という楽観はしりぞけられている。さすがに自分の足で地道に中国を研究してきた支那通だけあって、佐々木は中国を甘く見ることはなかった。ミミズという比喩がいささか不穏当ではあっても。

満洲事変の底流

佐々木が、満洲問題解決のためには武力発動もやむを得ない、という主張に同調していたことは疑いない。だが、のちの満洲事変につながる動きに彼が深くコミットしていた形跡はない。

当時、陸軍で満洲問題の解決に積極的に動き出したのは、前述した二葉会を母体として一九二九年五月に結成された中堅将校のグループ、一夕会《いっせき》であった。一夕会の会員には支那通が少なくない。二葉会以来の河本大作、岡村寧次、磯谷廉介、板垣征四郎のほかに、鈴木貞一、根本博などが加わっている。もちろん支那通が一夕会をリードしたわけではない。ただ、一夕会のなかの支那通たちによって提供された中国・満洲についての情報や分析が、このグループの行動に何らかの影響を与えたとは言えるだろう。

一夕会に集まった支那通は、言うまでもなく新しい世代に属する。旧支那通とは異なる中国観を持つ軍人たちであった。旧支那通の代表的人物、坂西利八郎はすでに現役を退き貴族院議員となっていたが、満洲事変の約一年前、中国を視察し、その帰国報告のなかで次のように論じている。国民党の統治は中国の現状に適合していない。これに比べれば、北方の張学良の統治方式は中国人一般に好まれている、と(「民国の現状と日華の将来」)。

これに対して新支那通は、張学良の統治を軍閥による圧政にほかならないと分析していた。また、張学良は易幟《えきし》(掲げる国旗を変更すること)によって満洲を国民政府の統治下に入れたが、それは名目的なものに過ぎず、事実上の国内分裂状態は少しも改善されていないと見られた。蔣介石は国民党を私物化し、権力の独占をはかっていると観察された。性急な国権回復運動は、政府に対する国民の不満を外に向け、さらに、政敵を批判し窮地に追い込むための道具として使われているだけだと考えられた。張学良は、そうした蔣介石の策略に対抗し、しかも奉天軍閥の圧政に対する不満のはけ口として、激しさを増す排日行為を黙認した。ときには父の復讐のため、排日行為を煽動するようにも見えた。

張学良(『張学良の昭和史最後の証言』)

支那民族性への悲観

すでに指摘したように、満洲事変の首謀者は、当時関東軍の作戦参謀であった石原莞爾である。事変前、彼は次のように論じていた。中国人が果たして近代国家をつくることができるかどうかすこぶる疑問であり、むしろ日本の治安維持のもとで漢民族が自然的発展をはかるほうが彼らのために幸福だと確信する。在満三〇〇〇万民衆の共同の敵である軍閥を打倒することは、我が日本国民に与えられた使命である。また我が国が満蒙を統治すれば、中国本部の統一をうながし、中国における欧米の経済的利益のためにも歓迎されるだろう、と。

石原莞爾を支那通と見なすことはできない。また、支那通のすべてが石原の提示した満蒙領有構想に同調していたとも言えまい。ただし、中国人に近代国家建設の能力が欠けているという認識は、支那通軍人に共通していた。旧支那通は従来からそうした見方でほぼ一貫していたし、当初は国民党による近代的統一国家建設へ期待を寄せていた新支那通も、結局は旧支那通の観察に回帰しつつあった。佐々木到一の表現を借りれば、国民党も蔣介石も国民革命の理念を忘れ、堕落し、中国の民族性を「改変」することなどできない、と結論づけられるにいたったわけである。ここにも、やはり諦めと悲観とが作用していたと見るべきかもしれない。満洲事変はそうした諦観と悲観主義が生み出した鬼子でもあった。

柳条湖事件

満洲事変は、柳条湖《りゅうじょうこ》付近の満鉄線路を爆破し、これを中国側の仕業として武力を発動するという謀略によって始まった。だが、この謀略の筋書きを、一夕会が事前に描いていたわけではない。謀略を計画し、それを実行に移したのは、あくまで石原と板垣(高級参

1929年頃の関東軍首脳。右から２人目が石原、３人目が板垣（『秘録 板垣征四郎』）

謀、河本の後任）を中心とする現地関東軍の幕僚たちであった。関東軍軍司令官の本庄繁は事変拡大に消極的だったと言われるが、軍司令官でありながら、彼も石原や板垣に引きずられてしまった。

石原や板垣とともに謀議に与《あずか》ったなかには、花谷正や今田《いまだ》新太《しんた》郎《ろう》（30期）などの支那通がいた。奉天特務機関員の花谷少佐には悪名高いエピソードがある。奉天総領事館が事変直後の関東軍の行動を妨害しているとして、夜半、酒気を帯びて森島領事の官邸に押しかけ、軍刀をガチャつかせて抗議したという。一方、今田大尉は、支那研究員から張学良顧問となり、満鉄線路爆破に直接関わった。彼は、北京に住む在野の中国研究者、中江《なかえ》丑吉《うしきち》（中江兆民の長男）に幼いときから兄事し、学究肌でとても謀略に関わるタイプではなかったと言われている。

石原は事変直後に満蒙領有構想から独立国家（満洲国）樹立構想に転換する。領有案には陸軍中央に強い抵抗があったためである。一夕会員で支那通の岡村寧次や磯谷廉介は独立国家案にさえ消極的だったという。彼らが目指したのは、奉天軍閥政権に代わる親日的かつ近代的な独立政権を、中国本部の国民党政権とは別個に（ただし中国の宗主権の範囲内で）満蒙に擁立することではなかったかと思われる。だが、事態はそうした彼らの思惑を超えて、独立国家樹立へと急速に動いていった。

土肥原謀略

事変では柳条湖以外のところでも謀略が使われた。無頼の中国人をそそのかして不穏な事態を醸《かも》し出し、日本人居留民へ危害がおよぶ危険性があると称して、満鉄沿線以外の都市への関東軍出動を要請させる、という方式である。関東軍が各地に出動して、関東州および満鉄付属地の防衛にとって兵力が手薄になれば、これを理由として内地や朝鮮へ援軍を求めることも可能になった。

そうした謀略で有名になったのは奉天特務機関長の土肥原大佐である。彼は天津で中国人を使って暴動を起こし、そのドサクサにまぎれて廃帝溥儀を天津から満洲に連れ出すことに成功した。

前述したように、土肥原は坂西の後継者と目されてきた。坂西と同様に、それまで中央の要職には就かず、その職歴の大半を中国駐在についやしてきた（ただし、のちには航空総監や教育総監となる）。鷹揚《おうよう》で物腰柔らかく、とても謀略将校には見えなかったという。中国語の達人でもあった。素性の怪しい中国人を駆使して謀略を実施することに類《たぐい》まれな能力を発揮し、「アラビアのロレンス」ならぬ「東洋のロレンス」と呼ばれた。ただし、そう呼んだのは主に西洋人で、中国人からは「土匪源」というあまり有難くない仇名も頂戴してしまった。アメリカのアジア学者オーウェン・ラティモアは、土肥原が中国人のなかに溶け込めるようなタイプには見えなかったという。

軍事クーデター計画

満洲事変の拡大を支えた要因のひとつに、国内での十月事件がある。満洲事変に呼応して国内でも軍事クーデターを起こし、国家改造を実現しようとしたものであった。実際には未遂に終わったが、閣議を急襲して首相以下を斬殺するというシナリオは、政府首脳に大きな衝撃を与えた。その後、軍の統制に政府が及び腰になるのは、こうしたテロの恐怖にも一因がある。

十月事件の核となったのは、参謀本部ロシア班長の橋本欣五郎《はしもときんごろう》（23期）をリーダーとする桜会である。桜会は、研究団体的な一夕会とは違い、国家改造を目指して結成された軍内の政治団体と言うことができよう。メンバーは中佐以下とされたが、ここにも支那通が含まれている。たとえば、影佐《かげさ》禎昭《さだあき》（26期）、和知《わち》鷹二《たかじ》（26期）、長勇《ちょういさむ》（28期）、今井《いまい》武夫《たけお》（30期）、永井《ながい》八津次《やつじ》（33期）などである。もちろん桜会と支那通との間に意味のある関係があるわけではない。むしろ重要なのは、この世代のエリート軍人たちがきわめて政治的であったことであり、同じ世代に属する支那通軍人もそうした政治性を共有していたことだろう。

　クーデター画策の中心は、橋本中佐が勤務する参謀本部の情報部（第二部）であった。そこでは、支那課長の重藤千秋《しげとうちあき》（18期）が橋本とともに首謀者として行動している。長少佐は、漢口勤務を命じられながら、本務をすっぽかして帰国し、クーデター計画のために動き回っていたというから驚きである。

　佐々木到一も十月事件に関与している。豊橋の連隊長であった佐々木は、各地の同志への連絡役を務めていたようである。事件発覚と同時に、彼は憲兵隊の取り調べを受けた。ただし、処分の対象とはならず、翌年、第一次上海事変の発生にともない、上海派遣軍の参謀として出征した。上海到着後間もなく事実上の停戦となり、彼の戦場経験はわずか一週間に過ぎなかった。だが、中国軍の掩蓋《えんがい》銃座や塹壕《ざんごう》を見て回った佐々木は、それがドイツ式とソ連式を混合した近代的なものであることに気づいている。

謀略の季節の始まり

佐々木は関知しなかったが、実は上海事変も日本軍の謀略によって引き起こされた。首謀者は田中隆吉《たなかりゅうきち》少佐（26期）である。田中は支那研究員として張家口《ちょうかこう》に駐在したあと、支那課勤務をへて上海武官を務めていた。満洲事変勃発後、田中は板垣から、上海で騒動を起こしてもらいたいとの要請を受けた。そのねらいは、上海で事件を起こし、列国の目をそこに引き付け、その間に満洲で新国家樹立工作を推進することにあった。板垣は田中の陸士時代の区隊長であった。

一九三二年一月、田中は中国人を買収して日蓮宗の日本人托鉢僧《たくはつそう》を襲わせ、さらにその犯人グループが勤務する工場を、報復のためと称して日本人集団に焼き討ちさせた。こうした謀略のなかで、工作員として働いたのが彼の愛人でもあった川島芳子《かわしまよしこ》である。彼女は、かつての宗社党のリーダー粛親王の娘で、満蒙独立運動の同志、川島浪速の養女となっていた。日本軍の謀報工作に深く関わった川島芳子は、やがて「東洋のマタハリ」と呼ばれることになる。

それはともかく、田中の工作が功を奏して上海には一触即発の緊張状態が醸成される。田中は上海居留民団を煽動して本国に出兵を要請させたともいう。こうしたなかで、上海に駐屯する海軍陸戦隊と中国軍とが衝突、ついに戦端が開かれた。蔡廷楷《さいていかい》率いる国民革命軍第一九路軍に対し、日本軍はだいぶ苦戦したが、謀略の目的は達せられた。上海事変の終息直前に、満洲国の建国宣言が発せられたからである。

謀略を実行したことについて、田中は軍事課長の永田《ながた》鐵山《てつざん》（16期）と上海派遣軍参謀副長の岡村寧次から叱られたという。だが、柳条湖事件の謀略と同様、責任を問われることはなかった。というよりも、満洲事変遂行が陸軍の基本方針となったからには、事変を成功に導いた謀略の責任が問われるはずはなかったのである。

こうして、謀略の季節が始まった。そして、謀略の背後には、ほとんど常に陸軍支那通の影が見え隠れするようになった。支那通といえば、すぐに謀略を連想させるまがまがしい事実が積み重ねられてゆくのは、この頃からである。

第五章 日中衝突

閻錫山工作に従事中の田中隆吉（『田中隆吉著作集』）

1 満洲国軍の養成

転向

一九三二(昭和七)年一二月、佐々木到一は関東軍司令部付となり満洲国軍政部顧問を命じられた。新国家の国軍創設に関わることになったのである。上司の最高顧問は支那通の先輩、多田駿であった。最高顧問はのちに多田から板垣征四郎に交代し、一九三四年一二月には佐々木が板垣の後任となる。佐々木が満洲国軍の創設にどのように関わったのかを見る前に、満洲事変そのものを彼がどのように意味づけたかを確認しておこう。満洲に渡る前、佐々木は数カ月ばかり、上海事変に出征し復員した第九師団の参謀長を務めたが、その頃に書いたメモで次のように論じている(「満洲建国と皇国の使命」)。

そもそも東洋の禍乱の源はつねに中国にあり、その主な原因は「西力の東漸」(西洋列強のアジア進出)と「支那の積弱」とにある。しかも「積弱の支那」はしばしば自ら西洋の力を借りようとして、かえって禍乱を大きくする傾向があった。そのために苦しむのは日本であり、中国の民衆であった。そのうえ、日本の生存に重大な影響をおよぼす満洲が、信義に欠けた国民政府の統治下にあって、ことごとに禍乱の種を撒《ま》き散らす状態がつづけば、満洲は言わば噴火口であり、日本は枕を高くして眠ることができなかった。事変の原因はここにあった。それゆえ、「満洲国の建設は旧東北軍閥の苛斂誅求《かれんちゅうきゅう》に苦しんだ三千万民衆の切実なる要望であると同時に、東洋の平和を確保し東洋民族の繁栄を図らんが為の必須的先決条件であったのである」。

この論理は、事変正当化のための公認の理由づけに近い。それだけに、かつて佐々木が主張したこととの違いが目立つ。たとえば、彼は中国の「積弱」が不変であるとは論じなかった。第四革命の到来を予見し、北伐の成功に目を見張った佐々木は、ナショナリズムの昂揚に支えられて中国が生まれ変わりつつあることを指摘していたはずである。そして、少なくとも当初は、中国の覚醒に共感と期待を惜しまず、西洋列強への反抗に拍手を送った。

満洲事変は、中国ナショナリズムの脅威に対する拒絶反応という側面を持っていた。ところが、多くの人々は、そうした中国のナショナリズムの強さではなく、かつての弱さが内包していた危険性を指摘することによって事変を正当化しようとした。佐々木もその例外ではなかった。佐々木の場合は、それをさらに、国民政府の信義の欠如という理由で補おうとしたのである。

「道徳国家」満洲国

佐々木は満洲国を「道徳国家」とし、その理念である民族協和を強調した。また、「満洲事変は革命である」とし、封建的軍閥政治を打倒して近代国家を建設しようとしているのだと論じた(「中央集権と地方分権」)。軍閥は大地主・資本家として民衆を搾取し不正な富を蓄積していたが、事変はこの旧支配階級を満洲から放逐した、というわけである。

こうした観点から満洲の現状を見たとき、当初、佐々木は失望を禁じ得なかった。彼が新京(長春)に赴任して来たとき、そこには「坂を登り詰めた時の倦怠」が漂っていたという(「新京第一観」)。とくに満洲国の日本人官僚(日系官吏)には、国運を賭した一大事業であるという自覚が乏しく、いささか身分不相応の地位と俸給を得て、小成に甘んじているように観察された。彼らが朝鮮や台湾と同様の植民地経営でもやっているつもりのように見えたことに、佐々木は失望と憤りを感じたのであった。

こうした観察は、満洲での勤務が三年ほど経過しても変わらなかった。彼は次のように述べている(「満洲統治ノ深憂(続々篇)」)。民族協和が満洲国の原理であるとすれば、建国に参加する各民族が国家の構成分子であることを自覚しなければならないのに、大多数の日本人はこの自覚が足りない。日本人は日満間の条約によって保障された恵まれた立場と、先進国・指導国としての優越感をもって臨んでいる。要するに、満洲国を植民地視する誤った観念から脱却していないのである。それは日系官吏だけに限らない。日本人全部がそうである。満洲国人に対する優越感、干渉癖、横車、理由のない凌辱、根拠のない嫌疑などに、それが現れている。

佐々木によれば、満洲国人（ほとんどが漢民族）の態度も、こうした日本人の行動を助長した。満洲国人は日本人に対してきわめて卑屈な態度をとり、その意を迎えようとする。内心の不満を笑顔をもって隠そうとする。権力を持つ者に対する漢民族の、狡猾とも言うべき伝統的保身術である。日本人、とくに日本軍人は、こうした満洲国人の態度に無邪気に気を許してしまう。そこに付け込んで満洲国人は、日本人同士の離間を策す。たとえば、日系官吏の悪口を日本軍人の耳に吹き込んだり、逆に日本軍人に対する非難を日系官吏の耳にささやく。こうして日本人は満洲国人に翻弄されてしまう。

佐々木の観察には相変わらず鋭敏なものが含まれている。この頃の佐々木の文章には、当時の風潮に影響されたためか、「道義」とか「皇道宣布」といった、やや空虚な言葉が散見されるようになるが、それによって彼の観察眼が曇ったわけではなかった。彼の満洲国軍育成も、そうした鋭い観察に裏づけられた現状分析に基づいてなされるのである。

満洲国軍育成に心血を注ぐ

満洲国軍政部顧問に任じられてから、前述したように二年後に最高顧問となり（翌一九

満洲国軍政部顧問（満洲国軍刊行委員会編『満洲国軍』）

三五年、少将に進級）、支那事変勃発直後の一九三七年八月に満洲を離れるまで、佐々木は四年九カ月間、軍政部顧問団に属した。異例なほど長い在任期間である。この期間すべてを彼は満洲国軍の育成についやしたのである。それは、彼にとって文字どおり心血を注いだ畢生《ひっせい》の事業だったと言えよう。また、『支那陸軍改造論』以来の中国軍に関する研究の成果を、彼は実地に活用する場と機会を与えられたことにもなろう。

当初、赴任してきたばかりの佐々木の意見は、顧問の若手軍人たちから、机上の空論だと批判されたことがあったという。そのとき佐々木は、自分の見解は諸君よりも一〇年長い経験と研究に基づいている、自分は日本一の支那通と自負していると反論した。部下の顧問たちは、こうした彼の大見得と、その見解の内容に圧倒されたのだろう。その後、あまり批判は聞かれなくなったようである。もちろん彼の仕事は、当然ながら生やさしいものではなかった。なにしろ、日本がでっち上げた、いわゆる傀儡《かいらい》国家に、国軍をつくろうというのである。そこには最初から大きな矛盾が含まれていた。

近代軍構想

佐々木は国軍建設の「指導精神」を次のように説明している（「新軍建設の指導精神」）。満洲国は独立国である。それゆえ独立国の国家機関として健全な軍隊をつくらねばならない。と同時に、日満不可分の基本原則に基づき、日満両軍を「兄弟的関係」に位置づけねばならない。なぜ日満は不可分であるのか。それは両国の国防が不可分だからである。したがって、究極的には内政も外交も経済も交通も、すべて国防を基調として不可分の関係を築かねばならない、と。かなり苦しい理屈だが、このように理屈づけなければ、「指導精神」は成り立たなかったのだろう。

日満両軍の兄弟的関係とは何か。端的には、満洲国軍が先進的な日本軍の指導を受けることを意味するが、それは両軍の任務の違いにも反映される。具体的には、日本軍が外を守り、満洲国軍は内を守る。とくに当面、満洲国軍は匪賊《ひぞく》討伐（剿匪《そうひ》）を実施して国内の治安を維持し、日本軍を剿匪にはわずらわせず対外防衛に専念させねばならない。内を守

ると は、 剿匪だけにとどまるものではない。有事には国内要地の防衛、後方補給、国境線を浸透してきた敵の特殊部隊との戦闘など、広範な任務を遂行する能力を持たねばならない。

こうしてみると、満洲国軍は実質的に日本軍（関東軍）の補助軍隊ということになるが、それでも佐々木は多様な任務を果たし得る近代軍を想定していた。彼は、軍の改造は新造におよばない、と指摘している。つまり、旧態依然たる軍閥軍を改造するより、新たに近代的な国軍をつくるほうがよい、というわけである。

近代的な国軍をつくる第一歩は、旧来の私兵的観念を根底から打破することであった。そのためには、人事と経理と兵器を中央で統制しなければならなかった。しかし、まったくのゼロから出発するわけにもゆかず、最初に国軍を構成すべき将兵の多くは軍閥の軍隊から求めざるを得なかった。旧軍閥軍のなかでも良質の部分は、張学良とともに満洲を去っていたから、あまり良質とは言えない要素をもって新国軍の建設を始めなければならなかったのである。そのうえ、もし急激な改革を性急にほどこすと、軍隊が離反するという危険性を考慮しなければならなかった。

佐々木は、人的資源や軍事予算の限界から、大規模の国軍を新設することが無理ならば、少数でも良質な人材から成る強力な特殊部隊としての憲兵隊を創設すべきだ、と提案した（「憲兵隊の建設」）。この場合の憲兵隊とは、単なる軍事警察ではなく、将来の国軍をリードする中核であり、また日満両軍の楔《くさび》としての役割を果たすことを期待された。

関東軍の反対を押し切る

佐々木によれば、満洲国軍指導の基本方針は当初、「警戒主義」と「制限主義」に置かれた。具体的には、国軍を治安維持に専念させ、六万程度の警察軍とし、飛行機、戦車、重砲等の攻撃兵器を装備させず、私閥の形成を防ぎ日本側が掌握しやすいように小単位の編成とし、交通線や要衝から遠く離れた地区に分散配置する、というものである。

実際、不良分子の駆逐を含む兵力削減（裁兵《さいへい》）は順調に進み、一時一四万を超えた兵力は、一九三四年には八万三〇〇〇となった。しかし、ここに問題が生じた。治安維持のためだけでも、これでは全般的に兵力が不足し、小単位の編成と分散配置では討匪能力が低下しがちだったからである。佐々木ら軍政部顧問は、建軍以来の満洲国軍による剿匪の実績を示し、国軍を警戒しつづけるよりも、これを積極的に利用すべきことを説いた。そのためには討匪能力を向上させるだけでなく、戦時の場合の後方任務等にも役立つ能力を持たせるべきであった。

だが、関東軍は依然として満洲国軍には警戒的であり、軍政部顧問の意見を採用しようとはしなかった。独立国家の体面上、国軍の体裁はとるけれども、将来はこれを解消すべきだ、とする意見さえあった。改造の見込みがない国軍建設に巨額の国費を注ぎ込むよりも、治安維持のためには警察の整備拡充に経費を振り向けたほうが得策である、とも論じられた。

佐々木らは国軍の価値と実績を強調した。そしてやがて、参謀本部作戦課長に就任していた石原莞爾が、国軍の積極的活用を求める佐々木らの主張に同調してくれたのである。石原は、満洲国軍を信用できないのならば、理想国家建設など不可能に等しいと論じた。

こうして一九三五年一二月、国軍指導方針が改定された。国軍は自力で満洲国の治安を維持し、戦時には交通線や要地を守り、後方任務を担当し、一部は関東軍の国防任務にも協力する、ということになった。自力で治安を維持するために、それなりの兵力、編成、装備が認められたのである。

誤れる優越感

満洲国軍の育成にあたって、佐々木が重視したのは国軍を直接指導する日本人の質と態度である。佐々木はとくに、国軍を構成する日本人将校（日系軍官）が寄生虫的存在であってはならないことを強調した。単に生活の安定を求め物欲を満足させるために満洲国軍に寄生し、何の向上心も持たない分子は排除しなければならなかった。日系軍官は日満不可分の体現者でなければならないとされた。

また、「誤れる優越感」を捨てるべきだと佐々木は説いた。日系軍官のなかには、満洲

満洲国軍第1回大演習（『満洲国軍』）

国人将校に対して敬意を払わず、部下の面前で怒鳴りつけたり、殴ったりする者があった。日本軍の悪しき風習である、兵卒に対するビンタは、満洲国人将兵から最も反感を買った。

誤った優越感が問題となるのは日系軍官に限らなかった。軍政部顧問や軍事教官の地位と職責にも本来的に、ともすると優越感を生みやすい落とし穴があった。佐々木はこれにおちいらないよう部下に自戒を促している。

彼が優越感の弊害をこれだけ強調したのは、それが日満一体・不可分の理念を損なう最もゆゆしき問題と見られたからである。このように、誤った優越感の弊害を説き独立国としての満洲国を強調した佐々木ではあったが、ただしかし、その佐々木が必ずしも日満対等を考えていたわけではないこともまた事実であった。

裏切りの予感

佐々木によれば、満洲国を構成する主要な民族は、指導的地位を有する少数の日本民族と、絶対多数を占める漢民族であった。では、少数者の日本民族は将来、この指導的地位を放棄して多数者の漢民族と対等となることがあるのだろうか、と彼は自問する（「満軍整備と之に関する軍事政策上に於ける重大認識に就て」）。つまり、漢民族が十分な政治的訓練を受けて統治能力を身に付け、多数にものを言わせて旺盛な経済力を発揮し、日本民族に指導的地位の放棄と完全な平等を求めてきたら、それを躊躇せずに受け入れるべきだろうか、というわけである。

こうした疑問を率直に自らに問いかけるのは、いかにも佐々木らしい。けれども、彼の答えはあくまで否であった。というのは、日本が国防資源と国民経済の必要上、ある程度まで満洲国の利益を犠牲にせざるを得ないからである、と彼は言う。また、日本は満洲国から国防を委任されているからでもある。かくして日本人の指導的地位は「悠久無限」とされる。

とすれば、漢民族は当然こうした不平等に不満を持つだろう、と佐々木は論じる。また、彼らの民族意識が民族協和の方向に向かうのではなく、民族自決の方向に向かう可能性もある。とくにソ連や中国ととなりあっていることからすれば、有事にそうした事態になる可能性はかなり高いと考えておかねばならない。そして、漢民族がそうした傾向を現わした場合、日本はそれを力で制圧せざるを得なくなるだろう、と佐々木は主張した。

このことは満洲国軍の育成にも重大な関連があった。佐々木によれば、国軍を建設するためには、旧軍閥時代の私兵観念を打破して確固とした国軍意識を植えつけねばならない。ただし、この国軍意識が漢民族の民族意識の目覚めや失地回復の要求に「歪曲」されるならば、国軍の建設がおぼつかなくなってしまう。

ここに軍政部顧問の重大な任務がある、と佐々木は指摘する。すなわち顧問は、満洲国軍に国軍意識を植えつけると同時に、有事の際に国軍が日本軍の背後を脅かすことが万に一つもないように教育しなければならなかった。佐々木が国軍の核とすべきだと論じた憲兵隊は、日本人顧問の把握のもとで国軍の謀反を防止するという役割も担うものとされたのである。

橋川文三氏は、佐々木が満洲国軍の育成に全力を注ぎながら、その背反の可能性もきわめてリアリスティックに考慮していた形跡がある、と指摘している。橋川氏によれば、「彼の思念の中には、いわば最も信頼していたものに必ず裏切られるという歴史哲学が含まれているかのようでさえある」という(『ある軍人の自伝』解説)。たしかに、少なくとも済南事件以降の佐々木には、そうした傾向が見受けられる。「裏切られる」というのは、彼にとって一種の強迫観念でさえあったかもしれない。

諦観

佐々木は満洲国内に漢民族ナショナリズムが擡頭する可能性を予感し、そうした場合、それを力で抑え込むことが必要である、とも覚悟していた。そこには、ある種の悲観主義が流れている。満洲国軍の育成に理想と熱意を注ぎ込みながら、また、その実績を誇りながら、それが期待どおりに育ってくれるかどうか、懐疑的となる自分をどうすることもできなかった。

満洲を去る数カ月前、彼は次のように論じている（「対満洲国政治指導に関する所感」）。満洲国軍は建軍以来五年の間に面目を一新したが、その将兵の大部分に崇高な国家的観念が植えつけられたわけではない。その軍紀を維持し戦闘能力を発揮させているのは、徹底した信賞必罰のためである。つまり、将兵の功名心や射利心に訴えて軍紀を維持しているのが現状である。これは建軍過程での一時的な方便であり、早くこれから脱却して自覚と犠牲的精神に基づく近代的軍紀を確立しなければならないのだが、漢民族の習性がそんなに急速に改められることなど、実際にあり得るだろうか、と。こうした将来への不安とある種の諦観をうながしたのは、満洲国軍の現状への物足りなさと、かつて国民革命軍と接触したときの苦い経験であった。

そうした不安とあきらめは満洲国軍だけでなく、満洲国そのものの現状観察についてもうかがわれる。彼は次のように述べている。建国以来五年を経て、国内の利権の大部分が日本人に掌握され、表面上は独立国家でありながら、満洲国は急速に植民地化しつつある。この現状に目を向けずに独立国家という建て前を言っても、それは自己欺瞞にほかならない。民族協和も所詮、民族闘争をたくみに緩和する以外の何ものでもない。こんな重大問題を軽々しく放言すべきではないが、満洲国は独立国になり得ないし、日本人も満洲国人にはなり切れないのが現実である、と。

佐々木には、民族協和の理想も、文字どおりの実現は困難と見えていたようである。北伐の過程で彼は反日ナショナリズムの激しさを体験していた。民族協和は、そうした激しい反日ナショナリズムに対するアンチテーゼのはずだったが、結局そうはなり得ないことを佐々木は確認してしまったと言えよう。

一九三七年七月、支那事変勃発直後、日本軍が擁立・育成してきた冀《き》東《とう》防共自治政府の保安隊が反乱、通州の在留邦人（約四〇〇人）が半数以上も殺害された。いわゆる通州事件である。佐々木はそれに衝撃を受け、満洲国軍の育成に再検討を加える必要性を痛感しながら満洲を離れた。

2 盧溝橋への道

中国非国論

佐々木到一が満洲国軍の育成に没頭していた頃、中国本部では陸軍支那通たちの動きが脚光を浴びていた。日本軍の立場を公に表明したり、中国政府高官と会見するなど、彼らの言動は日中の外交関係に直接、影響をおよぼした。また、彼らの一部はしばしばいわゆる謀略に関与し、日中関係の展開に重大なインパクトを与えた。むろん彼らが日本の国策を左右したとは言えないが、それでもこの時期の彼らの行動が、支那事変の発生につながる歴史的プロセスの促進要因となったことは疑いない。

彼らがどのような行動をとったかを見る前に、彼らが当時の中国をどのように観察していたかを確認しておくことが必要だろう。

陸軍の将校団組織、偕行社には『偕行社記事』という機関誌があるが、そこに天歩生なるペンネームで「民族性より見たる支那漫談」というエッセイが満洲事変後、数回にわたって連載されている。そのなかに次のような観察がある。

支那は国家にあらず、支那は一つの社会である。少なくとも近代組織の法治国と見做《みな》すべき国ではない。

支那人は人間に非《あら》ず豚である。彼等は仁義なく忠孝なく義務なく犠牲なく、況《いわ》んや人倫の道、五常の徳の如きは、四百余州を探しても薬にしたくてもあるものではない。

支那人は遠慮を知らぬ増長民族で、相手弱しと見れば何処《どこ》までつけ上がるか分らない民族である。……この増長限りなき漢民族に親善を求めようと考えた事は明らかに私達の違算であった。

彼等は国家観念を欠き不良なる官吏と軍隊から苛《さいな》まれて却《かえつ》て政府の存在を喜ばない、重税と苛政の前に常に政権を厭忌《えんき》し、また個人としては極端なる利己的で人の為奉仕するの念は罕《まれ》である。……近年愛国運動に名を藉《か》りて排日排外が盛大であるが、官吏は之を利用して金を儲け学生は之を利用して学業を休み、男女の会合を図《はか》り、商人は之を利用して自己の繁栄を図ると言うのが実相である。

正当化のロジック

天歩生なるペンネームを持つ者が軍人であるかどうか、さだかではない。だが、こうした観察が、陸軍将校一般の中国観に影響を与え、またそれを反映していたことは間違いないだろう。しかも、中国が名目的であるにせよ国民党による統一を実現し近代国家としての第一歩を踏み出したときに、中国は国家にはあらずとする中国非国論が蒸《む》し返され、反近代的な中国イメージが描かれたことは注目に値する。こうしたイメージは満洲事変を合理化し正当化することに役立った。しかし、中国に生起しつつある様々の変化についての理解を妨げたことも間違いなかった。

実は、佐々木到一も漢民族の変わり得ぬ政治文化を強調するようになっていた。「漢民族は古来から政治の羈絆《きはん》から遊離した放逸の民」である（「対満洲国政治指導に関する所感」）といった指摘がそうである。立憲法治国家の政治原理を満洲国のような未完成国家にそのまま性急に適用してはならない、とも彼は警告した。未完成国家の現状では、法治主義ではなく、状況に応じた権力による強制と利益誘導が統治の要《かなめ》とされた。

かつて佐々木は中国革命の目標を立憲主義・法治主義に基づく国家統一に求めたはずである。ところが、ここでは法治主義や立憲主義の適用が、少なくとも当面は断念されている。それが漢民族の変わり得ぬ「民族性」から必然的に導かれる結論だったとすれば、法治主義や立憲主義の適用不能は、単に満洲国だけでなく、中国全体にもおよぶことを意味した。

中国の国内事情こそが原因である

満洲事変が塘沽《タンクー》停戦協定で一応の決着を見た一九三三（昭和八）年、陸軍省調査班は陸軍将校のための参考資料として、『中国国民党の輪郭』と題する小冊子を作成している。当時の陸軍が国民党をどのように見ていたかをこの小冊子はよく表わしているので、以下に簡単に整理しておこう。

この小冊子によれば、国民党の北伐は既存の軍閥と妥協し、これを抱き込んで遂行された。それゆえ北伐を完成すると国民党は目標を失い、革命の志気をいちじるしく衰えさせた。「党は堕落し党員は腐敗し、官吏は売官兼職を事とし、財政は紊乱《びんらん》不統一にして」、苛斂誅求は軍閥時代と変わらず、旧軍閥に代わって国民党を標榜する新軍閥が登場したに過ぎない。しかも国民党の威令は実質的にはわずかに江蘇、浙江、安徽、江西の四省にしかおよばず、いまだかつて全土の統一には成功していない。したがって、政客や新旧軍閥は依然として勢力争い、地盤争奪に没頭し、内乱を継続させると同時に、利害打算に基づく合従連衡という「支那国民性」を遺憾なく発揮している。

ここに描かれた状況分析は、かつて佐々木が「革命の堕落」と予想した事態にほぼ等しい。そして、またしても、変わり得ぬ「支那国民性」の強調である。

次に、国民党の対外政策について、この小冊子は次のように論じている。中国の排外・排日は、軍閥政客が愛国運動に名を借りて自己の政治的立場を有利に運ぼうとしたり、あるいは人民におもねってその地位を高めようとしたり、もしくは国民の関心を外国に向けて国民党の失政を隠蔽しようとする策略にほかならない。国民党がこの方針や政策を改めない限り、日中の親交は望むべくもない。

排日は日本側に問題があるのではなくて、中国の特殊な内政的事情に原因がある、という論理が、こじつけを交えながら、ほぼ一貫して展開されている。おそらくは、支那通たちの情報や分析がこうした見方を支えたのだろう。中国の内政的事情が排日の背後にあるということは、たしかにそのとおりであった。だが、排日の原因がそれだけに尽きるはずはなかった。それが最大の原因であるわけでもなかった。

事態好転の兆しも

さて、その後、満洲事変によって対立を深めた日中関係は、中国側の政策転換で一時、好転の兆しを見せ始めることになる。「安内攘外《あんないじょうがい》（外敵に立ち向かう前に国内を安定させる）」というスローガンを掲げて剿共を優先する蔣介石と、「一面抵抗一面交渉（交渉しつつ抵抗する）」を唱える汪兆銘《おうちょうめい》とが合作し、中国は満洲国を不問としたまま、つまり当面は満洲の失地回復の主張を控えて、対日関係の安定化に乗り出してきたのである。

こうして一九三四年、満洲国と中国との間の鉄道運行、郵便、通商を取り決める実務合意が成立した。日本では廣田弘毅《ひろたこうき》外相が議会で日華親善を呼びかけ、これに応えて中国は排日運動を厳しく取り締まる措置を講じた。日中関係の改善がピークに達したのは、翌一九三五年五月、日本が列国に先駆けて在華公使館を大使館に格上げした頃である。

ところが、陸軍はこうした日中関係の好転に対して、次のように冷やかな目を向けていた。中国の方針転換は、日本に対する好意から出たのではなく、あくまで日本の態度緩和をねらったものに過ぎない。国民党の党是たる帝国主義打倒は不変であり、その第一目標を日本に向けていることも変わりはない。したがって、日本の国際的立場が悪くなれば、それを衝《つ》いて中国は猛然と排日抗日を策し、失地回復をはかることだろう、と。

陸軍は大使館への格上げにも反対であった。当時、参謀本部が中国情勢について作成していた『支那時局報』は次のように述べている。大使館昇格は日本の中国に対する親善と誠意の表明であるから、中国の日本に対する誠意が本物であるかどうかを見極めてから行なうべきである。だが、現在のところ中国の対日提携政策に誠意があるとはとても認められない。したがって、この時点で大使館に昇格させることは下策であり、むしろ日中関係を実質的に危うくする。もともと中国は相手が一歩退けば一歩前に出る傾向を持っており、昇格後の対日論調を見ても、対日軽侮が進んでいるだけである、と。

国民党への不信

その頃、磯谷廉介は大使館付武官として上海に駐在していた。彼の現状把握も『支那時局報』と同様であったが、おそらくは彼の送った報告が『支那時局報』のベースになっていたのだろう。磯谷はある書簡のなかで以下のように観察していた。

南京政権の中心はもちろん蔣介石である。その他の要人、たとえば汪兆銘や親日派と言われる人々は、単に対日緩衝機関として設けられた「傀儡」に過ぎない。これらの人々は口で親善を唱え、また真にそれを望んでいるかもしれないが、それを実現する力はなく、いちいち蔣介石の指示を仰がねばならない。しかも裏では、蔣介石の秘密機関によって厳重に監視されている。現在、日本の外交官が接触しているのは、このような対日緩衝機関であって、その言動をもって中国を理解し、日本の対中政策を定めようとしても、それが妥当性を欠くのは当然である。

ここで注目されるのは、南京政権（国民政府）の実権が蔣介石という個人にあり、しかも彼を取り巻く秘密の組織あるいは勢力が存在する、というとらえ方である。磯谷は別の書簡で次のようにも述べている。国民政府は実質的には何の実権も持たない表面上の機関で、これを背後で操る「陰の一大勢力」が存在する。その中心は蔣介石だが、彼もこの勢力に制せられている。これは、蔣介石一派が自己の権力を握るためにとってきた過去の政策に原因があると考えざるを得ない、と。

要するに、磯谷をはじめとする陸軍支那通たちは、こうした蔣介石の私閥形成、権力集中（独裁化）と、国民党（国民政府）の排日政策との間に密接な関係があると分析した。つまり、排日政策は国民党の権力維持、蔣介石の独裁化のために利用されてきた、と理解されたのである。満洲事変から支那事変に至る期間に陸軍が中国大陸で演じた様々の工作には、こうした国民党不信がからんでいる。

華北の震動

工作の震源地はやはり関東軍であった。一九三三年初頭、関東軍は満洲国西南部の熱河《ねっか》省に進撃する。華北にあった張学良軍が失地回復を目指し、万里の長城を越えて熱河に侵入してきたからであった。張学良軍には国民政府の後押しもあった。これに対して兵力比の面で劣勢にあった関東軍は、その差を政治工作で埋めようとする。つまり、華北の旧軍閥将領に働きかけ、反蔣介石のクーデターを敢行させるとともに張学良を失脚させようとしたのである。

この工作にあたったのは、奉天特務機関長であった板垣征四郎である。彼は関東軍から天津に派遣され工作を指揮した。中心人物として期待された段祺瑞の旧部下が北京で国民党系のテロ組織によって暗殺されるなど、工作は失敗に終わったが、その後もしばらく中

塘沽停戦協定調印式における岡村寧次（中央左）と熊斌（同右）（『図説　満州帝国』）

小軍閥に働きかける各種の工作はくすぶっていた。

このとき、熱河に進撃した関東軍は、苦戦しながらも優勢な中国軍を破り、長城線を越えて関内に入り北平《ペイピン》（北伐完成後、北京は北平と改称された）に迫った。同年五月末、その圧力下で停戦協定が結ばれる。これが前述した塘沽停戦協定である。調印したのは関東軍を代表する同軍参謀副長の岡村寧次と、中国軍を代表する熊斌《ゆうひん》であった。協定成立には、北平駐在武官（公使館付武官補佐官）の永津佐比重も関わっている。

この協定によって、関東軍は長城線に戻り、長城線以南に非戦区域（駐兵禁止区域）が設けられた。面積が九州にも匹敵するほど広大な非戦区域には正規軍の駐屯が認められず、治安は乱れがちであった。治安を維持するために保安隊なるものが組織されたが、これには匪賊、雑軍、旧東北軍（張学良軍）などさまざまな要素が入り込み、複雑な様相を呈していた。関東軍は、満洲国軍を育成するうえで邪魔でやっかいな雑軍を、いろいろな策を用いて長城線以南に押し出した。これらの雑軍も非戦区域内に巣くうことになる。さらに、停戦を監視するためと称して関東軍が非戦区域内の山海関に特務機関を設けたため、その干渉や謀略工作によって、ますます状況は複雑かつ不安定となった。永津中佐は、非戦区域が戦乱のない平和な理想郷となることを夢見ていたというが、それはまさに夢想でしかなかったのである。

梅津・何應欽協定と土肥原・秦徳純協定

一九三四年から翌年前半にかけて、前述したように日中関係は安定化の兆しを示したにもかかわらず、華北の不穏な情勢はやがてそれを圧倒してしまう。従来から非戦区域に巣くう匪賊団が熱河省内に侵入し関東軍を悩ませていたが、この匪賊団を河北省主席の于《う》学《がく》忠《ちゅう》（旧東北軍系）が密かに援助しているのではないか、との疑惑が高まっていたところに、一九三五年五月、天津の日本租界内で二人の親日派新聞社社長が国民党系の特務（テロ組織）によって暗殺された。こうした抗日事件の取り締まりを要求し、それを中国側に押し付けたのが梅津《うめづ》・何應欽《かおうきん》協定である。

この協定には、梅津（美治郎《よしじろう》）という支那駐屯軍（天津軍）司令官の名が冠せられているが、実際には彼は当事者ではない。梅津司令官の満洲出張中をねらって、同軍参謀長酒《さか》井《い》隆《たかし》が独断専行したものである。国民政府軍政部長（国防長官に相当する）兼軍事委員会北平分会委員長代理として北平に駐在していた何應欽に対して、酒井は北平駐在武官の高《たか》橋《はし》坦《たん》（27期）とともに強圧的な交渉で臨んだ。天津では天津軍が装甲車を繰り出し、関東軍も部隊を山海関に集結させて、中国側を威嚇した。

この協定により、于学忠の罷免《ひめん》、国民党部、藍衣社《らんいしゃ》等の特務組織、中央直系軍の河北省からの撤退などが了解された。この協定の内容と交渉が中国側にとっていかに屈辱的であり衝撃的であったかは、戦後、中国での戦犯裁判で酒井が死刑、高橋が無期懲役の刑を受けたことに、よく示されている。なお、酒井は済南事件のときに現地で強硬論を吐き、この協定でも中国側の恨みを買ったために、何者かに毒を盛られて心身を害し、静養のため天津軍参謀長の職を離れざるを得なくなったという。

さて、天津軍のこうした動きに刺戟を受けたためか、今度は関東軍が動く。場所は北平の西北、察哈爾《チャハル》省（現在は内モンゴル自治区の一部）である。ここは、馮玉祥軍（西北軍）系の二九軍（軍長・宋哲元《そうてつげん》）の本拠であった。従来から二九軍と関東軍はしばしば小ぜり合いを演じており、一九三五年六月、同省の張北で、内蒙工作に従事する関東軍特務機関員が拘束されたことをきっかけとし、二度目の奉天特務機関長となっていた土肥原が乗り出してくる。

土肥原は北平武官の高橋坦を同道し、同省主席代理の秦徳純《しんとくじゅん》に要求を突き付けた。その結果成立したのが、いわゆる土肥原・秦徳純協定である。この協定により、宋哲元の二九軍は察哈爾省の長城線以北から撤退しなければならなくなった。

新支那通の時代

この二つの協定成立のきっかけとなる事件が発生したのは、大使館昇格の前後である。結果的に見て、二つの協定が大使館格上げによる日中関係安定化へのはずみを台無しにしたことは疑いない。ただし、現地軍の当事者から見れば、大使館昇格の以前も以後も、反満抗日の事件が相次ぎ、実質的に国民党の対日姿勢は変わらないように見えた。それゆえ、排日事件の黒幕と目された国民党機関や中央直系軍を、華北から撤退させねばならなかったのである。

こうした見方は、華北の当事者だけに限らない。上海では、週刊誌『新生』に日本の皇室に関する不敬記事が掲載されたとして国民政府に謝罪を要求することになったが、そのとき上海駐在武官の影佐禎昭は、上海での国民党部の活動停止を要求すべきだと論じた。影佐の主張は結局は実現されなかったが、やはりここでも国民党に対する不信感が強く表明されたことに注目すべきだろう。

以上のような工作に従事した軍人、すなわち板垣、土肥原はもちろん、永津、酒井、高橋、影佐は、すべて支那通である。なかでも永津、高橋、影佐らは支那研究員制度が発足してから養成された支那通軍人であった。言わば新支那通のなかの新世代である。そうした新世代の軍人はおよそ二年ほど中国情報スペシャリストとしての実務を現地で学び、中国人の生活に身近で接し、中国の社会・政治・経済の実情を、実感をもって理解しているはずであった。彼らは旧支那通のように軍閥政治にどっぷり浸っていたのではない。北伐完成に象徴される中国政治の新しい潮流にも、当然ながら気づいていただろう。にもかかわらず、彼らは国民党に対して強い不信感を持ってしまったのである。

土肥原の北支工作

梅津・何應欽協定と土肥原・秦徳純協定の成立後、華北を実質的に国民政府のコントロールから切り離そうとする、日本陸軍のいわゆる「北支工作」は強化される。反満抗日を策する国民党部を華北から排除するとともに、国民政府に対抗し華北有力者からなる「連合自治体」を結成するというのがそのねらいであった。ややこしいことに、この北支工作をめぐっては関東軍と天津軍との間に競合が生じる。

そうしたなかで国民政府は一一月、イギリスの援助を得て、幣制改革に踏み切る。従来の銀本位制を管理通貨制に改め、経済的な面から国家統一を前進させたのである。これに対して日本陸軍は猛烈な反撥を示す。幣制改革は、アジアを圧迫・侵略してきた域外大国に依存してそれと結託し、また、民衆や地方の利益を犠牲にして、中央の一部為政者や財閥の利益のみをはかる行為だと見なされた。

このような反撥から、陸軍は華北の自治運動を強引に推進する。ここでも工作を指導したのは、関東軍から「援助」のために華北に派遣された土肥原である。当初は、河北、河南、山東、山西、察哈爾各省の将領を大同団結させ、国民政府から分離した地方親日政権の樹立を目指したが、各将領は言を左右にし、ときには洞ヶ峠《ほらとうげ》をきめこんで、大同団結に応じてはくれなかった。結局、自治工作の成果は、一一月末に成立した冀東《きとう》防共委員会だけであった。一ヵ月後、同委員会は冀東防共自治政府に改組され、国民政府からの分離独立を宣言する。

冀東とは前述した非戦区域のことである。冀は河北省を意味し、非戦区域はその東部に位置した。自治政府の主席に就任したのは、非戦区域の行政長官とも言うべき督察専員《とくさつせんいん》であった殷汝耕である。かつて郭松齢の幕僚を務め、上海で佐々木到一と蔣介石との仲介役を務めたこともある、あの殷汝耕である。彼は早稲田大学出身、妻は日本人であった。冀東独立を宣した殷汝耕は、国民政府から漢奸《かんかん》として逮捕状を発せられた。

さて、冀東を独立させたあと、土肥原は、平津衛戍司令《へいしんえいじゅ》に任じられて北平の実力者となっていた宋哲元に、独立を働きかける。陰では相変わらず、ややいかがわしい中国人を組織して民衆の自発的な自治運動を装わせた。関東軍は再び長城線に部隊を集中し、圧力を加えた。

冀察政務委員会の成立

苦悩する国民政府は、言わば先手を打って、一二月中旬に冀察《きさつ》政務委員会を組織し、その委員長に宋哲元を据えた。冀は河北省、察は察哈爾省であるから、冀察政務委員会はこの両省を管轄する地方行政機関となる。冀東防共自治政府は国民政府から分離独立し、実質的には関東軍の傀儡政権にほかならなかったのに対し、冀察政務委員会は国民政府によって組織され権限を委譲された地方行政機関であるので、日本に対してはそれなりの独立性を保持する格好となった。宋哲元は日本陸軍と国民政府との抗争の間で苦しみながら、それに乗じて軍閥としての利益をはかろうとする。華北の権力ゲームはますます複雑微妙な様相を呈してゆくことになった。

なお、冀東政権を指導するために、山海関の特務機関がその政府所在地、通州に移動し、冀察政務委員会との連絡のためには北平特務機関が設けられた。それと前後して山西省の太原にも特務機関が設けられ、同省の軍閥、閻錫山への工作を担当した。山東省の軍閥への働きかけは済南駐在武官が担当した。こうして陸軍はこれ以降も、さらに北支工作を進めようとする。現地でそれを担当したのは、特務機関長や駐在武官を務める支那通たちであった。

根本是正

一九三五年一〇月、中国視察に出張してきた参謀本部第二部長岡村寧次を迎えて、大連で関係者の会議が持たれている。会する者は、岡村のほかに磯谷大使館付武官、板垣関東軍参謀副長（満洲国大使館付武官）、多田天津軍司令官である。中国の情勢分析と対中政策を協議したこの大連会議では、「支那は統一せらるべきものに非ざること」が申し合わされた（外務省記録『帝国の対支外交政策一件』第四巻）。中国の統一は当面あり得ない、あるいは国民党による統一は実現さるべきでない、ということが、中国問題担当の指導的地位にある軍人たちの間で確認されたのである。

ただし、この会議のあと、岡村少将はうかない顔をしていたという。この出張の目的は、陸軍、海軍、外務省の間で合意された対中政策の方針（いわゆる廣田三原則）を出先に説明することにあったのだが、大連の会議では、その方針と矛盾する申し合わせがなされたからだろう。そして、この申し合わせとは裏腹に、その後間もなく国民政府は幣制改革に踏み切り、統一への動きを強めたのである。

では、日本としてはどうすればよいのか。翌年三月、大使館付武官の任を終え陸軍省軍務局長に就任する直前の講演で、磯谷は次のように論じている（『対支管見』）。南京政権の抗日政策は根本的に間違っている。したがって日本はその政策の根本是正を求めねばならないが、従来の経緯から見て、それは尋常の方法をもってしては無理である。それゆえ、華北や西南といった地方でまず政策の是正を実現し、これを中央政府にもおよぼし全面的な政策の根本是正を達成したい、と。磯谷は、北支工作をこのような文脈で理解していた。つまり、華北の分離独立や満洲国化を追求するのではなく、地方レベルで抗日政策の放棄、日中経済提携を実現し、その実績で南京政権に政策の転換をうながそう、というのであった。

なお、陸軍の西南（広東、広西、四川、雲南、貴州の各省）に対する工作は、一九三二年に広東駐在武官となった和知鷹二によって試みられている。このいわゆる西南工作は、蔣介石に対抗し西南に地盤を持つ国民党右派に援助を与え、蔣介石を華北と華南の双方から牽制し揺さぶることがねらいであった。和知は広西の李宗仁《りそうじん》と白崇禧《はくすうき》にねらいをしぼり、武器の売り込みからきっかけを探ったが、あまり成果は挙がらなかったようである。大連会議では、西南派に対する援助は従来どおり継続する、ということが申し合わされている。

板垣の「分治合作論」

一方、同じく大連会議に出席しながら、板垣は磯谷とだいぶ異なる見解を表明していた。彼は、外相就任を予定された有田八郎《ありたはちろう》駐華大使に対して次のように語っている（『帝国の対支外交政策一件』第一八巻）。日本とソ連は早晩衝突する運命にあるが、その場合、中国はソ連側に立つ公算が高い。なぜならば、南京政権の思想的基盤は排日にあり、その財政的基盤は、英米に依存し日本と対立する浙江財閥にあるからである。南京政権が日本との親善関係に入ることは、その存立の基盤を失うことを意味する。南京政権は日本との親善関係に入れない本質を有しているのである。

さらに板垣は、従来の日本の政策が中国の実態に即していなかったと批判し、以下のような方針を採用すべきであると論じた。「其《その》要点は支那大陸を人文及び地文上の見地に基づき分立せしめ」、日本は分立した個々の地域と直接提携を結び、日本の国力によって各地域間の対立相剋《そうこく》を防ぎ、各地域内の平和の維持と民衆の経済的繁栄をはかり、究極的には排日の根絶と日満華（日本、満洲国、中国）三国提携の実績を挙げるべきである、と。

これがいわゆる「分治《ぶんち》合作《がっさく》論《ろん》」である。磯谷はまだ国民政府の政策是正に期待をかけたが、板垣には、そうした期待はもはやなかったようである。板垣は、国民政府の正統性を否認する一歩手前にあった。

状況は好転せず

分治合作のターゲットが華北にあったことは明らかである。では、国民党機関を平津地区から追い出したあと、華北の状況はどうなったのだろうか。実は、日本にとって状況は必ずしも好転していなかった。

その原因の一つは、冀察政務委員会の曖昧な性格にある。同委員会の発足以前、満洲事変後に華北には行政院駐平《ちゅうへい》政務整理委員会が設立されたが、これは委員長の黄郛や彼を補佐する殷同《いんどう》（日本陸軍経理学校出身）などの努力により、南京政府の指示を受けつつ、日本側との交渉をよくこなした。満洲国と中国との間の鉄道運行、郵便、通商等に関する実務合意を成立させたのは、中央政府との間に太いパイプを有する政務整理委員会の努力の賜物でもあった。

ところが、国民党部と国民党要人を追放したのち、政務整理委員会を解消して組織された冀察政務委員会には、中央政府に通じる効果的なチャネルがなかった。宋哲元も南京政府から見ればあくまで外様であった。それゆえ、日本の要求を受けても、中央政府の顔色をうかがい、必要以上に対日抵抗のポーズをとったり、あるいはのらりくらりと決定を引き延ばし時間稼ぎをすることが少なくなかった。

しかも、宋哲元は軍閥であった。その本質上、私兵集団であり、それを支えるために一定地域を支配しなければならなかった。平津地区の要職がすべて二九軍系の軍人や政治家によって占められたのも不思議ではない。だが、それは日本側から見ても望ましい状況ではなかったと言えよう。

北支工作の逆説

そのうえ、宋哲元は別としても、二九軍はきわめて抗日色の強い軍隊だったのである。先に述べたように、済南で佐々木到一を襲ったのは馮玉祥率いる西北軍の部隊で、二九軍は西北軍の系譜に連なっていた。さらに、二九軍の部隊は長城線で関東軍と戦闘を交えており、その点でも日本軍に対して敵愾心に燃えていた。

それだけではない。二九軍には共産党の影響力が浸透し、幹部将校のなかにさえ党員が入り込んでいた。一九三四年一〇月、中国共産党は蔣介石の剿共戦によって江西省瑞金《ずいきん》の根拠地を失い、いわゆる長征《ちょうせい》を行なって、約一年後に陝西省の延安《えんあん》に新しい根拠地を設け、あらためて抗日救国を訴えた。その頃から華北の学生や軍人に対する共産党の影響力が目立つようになったのである。

皮肉なことに、日本が平津地区から国民党部や特務組織を追放したことが、共産党の影響力拡大を助けてしまった。国民党の厳しい反共弾圧があるうちは、共産党の影響力も著しくは拡大できなかったのである。華北での日本軍の政治工作が、意図せざる援助を共産党に提供してしまった。そうした事態までは、現地の支那通たちも見通せなかったのである。

二九軍将兵の抗日意識は、のちの盧溝橋《ろこうきょう》事件に重大な関係を持つ。彼らやそのなかの共産分子が意図的に事件を引き起こしたかどうかは別として、彼らの行為が紛争の現地解決を妨げる方向に作用したことは、否定できないだろう。

抗日意識という点では、二九軍だけでなく、冀東政権の保安隊も同様であった。保安隊には二九軍からの影響があっただけでなく、もともと満洲を追われた旧東北軍の一部がもぐり込んでいた。すでに盧溝橋事件以前から、保安隊の一部は政府主席殷汝耕の命に従わなかったという。先述の通州事件（二〇九頁）には伏線があったのである。

悪循環の始まり

華北で発生した事態のなかで最も重大だったのは、特殊貿易と呼ばれた密貿易であったかもしれない。非戦区域ができた頃から、満洲から渤海湾《ぼっかいわん》沿岸に不法に陸揚げされる密貿易があった。非戦区域であるだけに、密輸の取締が十分ではなかったのである。そして冀東政権はこれを半ば公認した。関税を中国の四分の一だけしか課さなかったのである。これにより、大量の日本商品が、華北はもとより長江沿岸あたりまで、洪水のように流れていった。これが中国経済に与えた打撃は甚大であった。

華北のこうした事態の展開により、国民政府の対日政策は宥和《ゆうわ》から抵抗へと転換し始める。すでに一九三五年一一月、汪兆銘行政院長が狙撃され、一命は取り留めたものの、辞任せざるを得なくなった。彼の右腕として対日折衝に当たってきた唐右壬《とうゆうじん》外交次長は暗殺された。華北での日本軍の強引な行動は、国民政府内の親日派を一挙に凋落《ちょうらく》させたのである。

親日派が凋落し国民政府の対日政策が厳しさを増すと、抗日は国民党の不変の本質だとしてきた分析が、結果的には事実によって証明されたことになってしまう。やや単純化して言えば、国民党不信が華北での強引な行動を促し、それが中国側の反撥を引き起こすと、今度はその反撥がさらに国民党不信を強めたのである。なんとも不幸な悪循環が始まった。

内蒙工作の失敗

この不幸なサイクルをさらに進めたのが、関東軍の内蒙工作である。もともと内蒙工作は、熱河省と察哈爾省との国境地帯から反満抗日分子を排除するために始められたが、やがてそこに親日満の蒙古自治政府を樹立し、国民政府から離脱させるとともに、将来はこれを根拠地として綏遠《すいえん》、外蒙古（モンゴル）、青海、新疆、西蔵（チベット）などに拡張させる、という壮大な構想にふくらんだ。

関東軍が目を付けたのは、モンゴル族の王公の一人、徳王《とくおう》である。蒙古に対しては清朝末期以来、漢族の入植が進んでおり、国民政府がさらにそれを奨励したため、内蒙古のモンゴル族は圧迫され、国民政府に対する反撥を強めた。なかでも蒙古自治を目指す徳王は、関東軍への接近によって年来の目標を達成しようとする。関東軍は徳王に工作費を付与し、蒙古軍政府を組織させた。

工作は、陸軍中央の抑制をはねのけて関東軍が強引に実施したが、とくにこれに深入りしたのが関東軍第二課（情報）主任参謀の田中隆吉である。内蒙工作は陸軍中央の承認を得られなかったので正規の予算要求ができず、関東軍参謀長（板垣征四郎）の機密費で一部をまかなうと同時に、田中が冀東政府の（特殊）貿易収入を流用したという。田中の下で働いた特務機関員によれば、彼が内蒙工作にのめり込んだのは、陸軍中央の数少ない中国関係ポストに就くために、一旗揚げようとしたからだとされている。たしかに田中の陸士同期生（26期）は、雨宮巽《あまみやたつみ》、花谷正、和知鷹二、影佐禎昭など支那通となったものがとくに多かった。

しかし、蒙古軍政府は財政的に行き詰まる。そのため徳王と田中は隣の綏遠に進出しようとする。綏遠は穀倉地帯であり、阿片取り引きから得られる利益もあった。一九三六年一一月、蒙古軍は綏遠攻撃を開始したが、ものの見事に失敗した。蒙古軍を破った綏遠の軍閥（閻錫山系）傅作義《ふさくぎ》は抗日の英雄となった。蒙古軍だけでなく、それを支える「無敵」の関東軍をも打ち破ったと大々的に報じられたからである。この「誤報」によって中国の抗日気運は盛り上がるばかりであった。

西安事件の衝撃

綏遠事件が蒙古軍の敗北に終わった直後の一二月、重大な事件が発生する。陝西省で剿共に従事する張学良を督戦に行った蔣介石が、逮捕監禁されたのである。世界を驚かせた西安事件であった。結局、共産党の介入によって蔣介石は釈放され、数十万の市民の歓呼に迎えられて南京に戻った。

今日では、西安事件によって国民党と共産党が一致抗日を目指して合作に向かったことは、すでに定説となっている。しかし当時、この事件の歴史的な意味は必ずしも自明ではなかった。参謀本部支那課長の永津佐比重は、西安事件の結果、国民政府が共産党を抑えることはいよいよ困難となるだろう、といった漠然とした観測しかできなかったと回想している。西安事件の真相については、現地からも有力な手がかりは得られなかった。陸軍は共産党を嫌っていた。それゆえに共産党を深く研究しようとせず、その実力もあまり重視しなかったという。共産党に関する情報が少なかったわけではないが、どれも断片的なもので、客観的な分析となると、雲をつかむようだったと永津は述懐している。

関東軍では、国民政府に対する見方がさらにきびしくなった。一九三七年二月には中国情勢を次のように判断していた（『帝国の対支外交政策一件』第七巻）。中ソ両国は抗日に関して完全に一致し、軍事的提携にまで進もうとしており、中国は次第に親ソ容共的色彩を濃厚にするおそれがある。したがって現状では、華北の自治を国民政府に認めさせようとしても無理である。今後は国民政府の態度を気にせず、日本独自の立場で北支工作を実施すべきである、と。

関東軍は国民政府をほとんど信用していなかった。華北自治について国民政府の承認を求める必要はない、という主張は本国政府の方針に反するものであった。しかも関東軍は、華北での武力行使の機会を望ましいとさえ考えていたのである。この情勢判断は以下のように述べている。中国をこのままに放置するならば、対ソ戦の場合に、中国に振り向けねばならない兵力はかなりの規模になることを覚悟しなければならない。したがって、もし対ソ戦に先んじて華北に武力を行使する機会があれば、躊躇せずにその機会をつかむべきであり、それがうまくゆけば、むしろ対ソ戦のための兵力を節約する効果をもたらすだろう、と。半年後の盧溝橋事件の際の関東軍の反応は、まさにこのとおりであった。

再認識論

一方、陸軍内には、こうした強硬論と並行して、従来の対中政策を見直すべきだとの主張も出てきた。実際、作戦部長石原莞爾のもとでは、西安事件の衝撃や抗日運動の高まりを受けて、対中政策の再検討作業が進行中であった。石原の影響を強く受けていた参謀本部第二課（戦争指導課）の文書は次のように述べている（『現代史資料　日中戦争1』）。

西安事件を契機として、中国では内戦反対の空気が生まれると同時に、国内統一の気運も高まったが、いずれも何らかの煽動によるものではなく自然発生的な傾向を有している。こうした動きの中心にある抗日人民戦線派の実体も、日本の出方によっては、新中国建設運動に転化し得る可能性が大いにある。つまり、日本が「従来の帝国主義的侵冦政策」を放棄できるかどうかに、それはかかっているのである。新中国建設・国家統一運動には日本は援助の労を惜しむべきでなく、これまでの「侵略的独占的優位的態度」を是正しなければならない。

この論理からすれば、政策を根本から是正しなければならないのは、中国ではなくて、日本であった。支那課長の永津も、日本の政策の根本的転換を検討したという。彼の回想によれば、それは租界、居留地、治外法権、軍隊駐屯権（満洲以外）等の権益を放棄することであった。そうすれば、蔣介石が満洲国不問のまま抗日から対日友好に転じても、中国国民は納得するだろう、と永津は考えた。しかし、永津は、そんなことはとても無理だと結論づけざるを得なかった。陸海軍も、居留民も、紡績業を代表とする現地企業も、国内世論も、既得権益を放棄する政策転換を支持するとは思えなかったからである。

暗雲

石原を中心として対中政策が再検討されながら、当面は従来の強硬な政策の抑制が議論されただけで、日本側から中国に提供し得るものとなると、永津が考えたように、現実には実現困難なものが多かった。一方、関東軍に代表されるように、国民政府への信頼を失い、強行突破を考えつつある勢力も依然有力であった。しかも、現地では、綏遠事件、西安事件のあとを受けて、抗日気運がみなぎっていた。まさに暗雲たれこめ、雷鳴が大きく聞こえる事態となったのである。

その頃、数年ぶりで訪中した佐藤安之助は、宇垣一成に次のように報告している（『宇垣一成関係文書』）。

支那は殆《ほと》んど昔日《せきじつ》の支那に非《あ》らず、全く見違えるような新進国家に相成居《あいなりお》り候。……日本の圧迫が巧みに彼等の内政に利用せられ、驚くべき敵愾心と国家思想の擡頭《たいとう》を来《きた》し、これが全国的に又各界各層に普遍的に宣伝波及せられ、容易ならざる情況を呈し居り候。

佐藤は、関東軍の少壮将校が今こそ強硬政策によって中国をたたきつける絶好のチャンスだと主張していることに、疑問を呈した。彼の観察によれば、西安事件にもかかわらず、国民政府は「磐石の如く堅固」であった。

一九三七年四月、参謀本部から永津支那課長と、陸軍省から柴山兼四郎軍務課長とが現地視察に派遣されている。西安事件後、情況が混沌としていたことが、この視察の背景にあった。彼らは半月ほどかけて上海、南京、青島、済南、北平、天津をまわった。永津の回想によれば、二九軍将兵の抗日意識が強烈で、それが冀東政権保安隊にまで浸透していることに彼は憂慮をつのらせたという。

この視察には興味深いエピソードが付随している。永津が天津軍参謀の和知鷹二らと謀議して、何かことを起こそうとしているのではないか、という噂が飛んだというのである。その直後に石原作戦部長は、あらためて側近を現地に派遣し極秘調査にあたらせたが、これはその噂がきっかけであったともいう。

もともと石原は支那課に対して不信と敵意を示していた。彼の指示に従わず、華北や内蒙で強引に政治工作を進める支那通全体に対して、彼は不信をあらわに表明した。石原と永津が言葉を交わす機会もほとんどなかったという。不幸なことに、作戦当局と中国情報担当者との間に越えがたい溝をつくりながら、日本は中国との泥沼のような戦争に入ってゆくのである。

3　日中和平の模索

対支一撃論

一九三七（昭和一二）年七月、盧溝橋事件の報を聞いたとき、永津支那課長は、二九軍下部の暴発ではないかと直感したという。彼が課員と協議して作成した情勢判断は次のようなものであった。事件の根源たる二九軍に一撃を与えて黄河以南に駆逐しなければ、満洲国の防衛も華北の安定化も無理である。もしここで日本が譲歩し後退するならば、かえって二九軍の増長を促し、今後も各地で衝突事件を誘発するだろう。

このような見解は一般に「対支一撃論」と呼ばれる。石原作戦部長は、たとえ譲歩をしてでも交渉によって事件の早期解決をはかろうとし、現地への出兵にはきわめて慎重であった。これに対して永津支那課長は、現地交渉の見通しについて悲観的であると同時に、出兵に積極的であった。永津は、一撃を与えて二九軍を駆逐したら、かつて関東軍が熱河から長城線を越えたときのように、すぐ兵を引き揚げることを考えていたのだという。参謀本部支那課をはじめとし、支那通の多くはこうした出兵論者であった。天津軍参謀の和知鷹二は突然上京してきて出兵論をぶったという。

永津は、輸送船団に乗った日本の大部隊が塘沽沖に現れただけで、上陸しなくても、天津や北平は参ってしまうだろう、と語ったとの証言もある。このエピソードは、対支一撃論が中国軍事力軽視のうえに成立していたことをものがたる挿話として、よく引用される。はたして永津がそこまで極端なことを実際に言ったのかどうか、さだかではない。いずれにせよ、彼の出兵論が、少なくとも二九軍の力は大したことはないという判断に基づいていたことは疑いない。和知は、北上してきた中央直系軍に一撃を与えれば、蔣介石も手を上げるだろう、とさえ述べたという。

致命的な判断ミス

このようなエピソードに示されているように、一般に支那通は中国の軍事力をまったく歯牙《しが》にもかけなかったかのような印象を持たれている。だが、必ずしもそうとばかりは言えない。たとえば、支那事変発生の一年ほど前の講演で、磯谷廉介は、国民政府軍の軍用機をはじめとする兵器の充実ぶりに注意を喚起している（「在支雑感」）。前南京武官で陸軍省新聞班に勤務する雨宮巽は、事変勃発後に発行された『陸軍画報』の付録で、中国の軍備近代化の状況を相当くわしく紹介している。和知は別として、永津も、蔣介石が黄河に沿って構築した堅固な防衛ラインの存在に気づいている。彼が、二九軍を黄河以南に追い出したら、すぐ兵を引き揚げるべきだと論じたのは、その防衛ラインで蔣介石直系の中央軍とぶつかることを避けようとしたからであった。

こうしてみると、支那通は中国の軍事力をまったく軽視していたわけではないようである。軍閥軍の軍事力は軽蔑していただろうが、中央軍があなどりがたいことは十分承知していたように思われる。したがって、支那事変勃発当初に彼らがおかした重大なミスは、中国の抗戦力軽視ではなくて、その抗戦意志の軽視であったと言えよう。つまり、日本がその強硬な意志を出兵というかたちで示すならば、冀察政権はもちろん南京の国民政府も日本の要求を即座に受け入れるだろう、と判断したことが致命的な誤りであった。

全面戦争へ

盧溝橋事件以後、事態は一進一退を繰り返しながらエスカレートした。日本側は出兵によって威圧しようとしたが、これに対して中国側は一歩も引かず、逆に中央直系軍の北上という措置によって対抗しようとした。日本は出兵を二度決定しながら二度撤回し、七月末の三度目の決定で本格的武力発動に踏み切った。間もなく平津地域は平定され、対支一撃の効果がためされようとしたとき、戦火が上海に飛び火する。こうして事変は全面戦争の様相を呈した。しかも、中国軍の予想を上回る抵抗により、上海戦線は膠着《こうちやく》状態におちいり、事変は泥沼化してしまう。

中国はドイツ軍事顧問団の助言を得て、上海周辺に縦横に走るクリークを利用した防禦陣地を構築していた。その重要な情報を、支那通軍人たちは政治工作にかまけたがゆえに収集できなかったと言われるが、おそらくはデータは収集しても、それを情報担当者が的確に分析できなかったか、あるいは分析が的確であっても、それを作戦担当者が十分に利用しなかったということだろう。

国民政府を対手とせず

こうしたなかで、その後の事変の展開にとってきわめて重要な意味を持つのは、いわゆる国民政府否認論が擡頭してきたことである。つまり、抗日の本性をむきだしにした国民政府をもはや相手とすべきではなく、それに代わる新しい政権を擁立して、それとの間に望ましい国交を樹立しようとする主張が頭をもたげてきたのである。中ソ不可侵条約が公表された直後の九月、これを最初に言い出したのは、言うまでもなく関東軍であった。

陸軍中央でもやがて否認論に同調する動きが出てくる。支那課はその顕著な例であった。一一月に支那課で作成された文書は次のように論じている。現在、中国をして日本に抵抗させているのは、従来のような一部軍閥の妄動ではない。それは、ソ連が煽動しコミンテルンが指導する人民戦線運動と、中国の金融を支配するイギリス資本主義による援助である。日本が戦場で勝利を重ねれば、老獪《ろうかい》で打算的なイギリスは妥協に傾くかもしれないが、人民戦線派はかえって容共抗日色を強めるだろう。したがって、日本としては中国の防共勢力を結集し、容共に傾いた国民政府を否認して、それに代わる中央政府を華北に樹立すべきである、と（外務省記録『支那事変関係一件』第一八巻）。

共産主義のソ連と金融資本主義のイギリスが中国の抗日をあやつっている、という一見イデオロギー的に矛盾した見方は、支那通のみならず当時の陸軍軍人一般に共通する支那事変観であった。否認論に同調したのもむろん支那課だけではない。支那通たちの専売特許だったわけでもない。否認論は言わば陸軍の「世論」であった。一二月に南京が陥落したあと、否認論はさらに勢いを増した。翌年一月、政府が「爾後《じご》国民政府を対手《あいて》とせず」と声明したのは、こうした否認論の圧力のためであった。

支那通同士の対立

否認論が唱えられるなか、現地では、占領地の行政と住民の協力調達のため、新政権樹立工作が進められる。この工作に関わった軍人には支那通が多く、彼らの間では、占領地政権を将来、国民政府に代わるべき新しい中央政府の母体とすることも意図された。

華北で新政権樹立工作を担当したのは、北支那方面軍の特務部である。特務部とは、作戦後方地域の政治工作を行なう機関であった。特務部長には喜多《きた》誠一《せいいち》（19期）が任じられた。喜多は、参謀本部支那班長、南京武官、中国大使館付武官等を歴任した典型的な支那通軍人である。喜多の下では根本博も政権樹立工作に従事した。彼らの工作により、一九三七年一二月、北平に中華民国臨時政府が発足する。そしてその後間もなく北平は再び北京と改称された。なお、臨時政府の最高軍事顧問にはのちに永津佐比重が就任する。

一方、華中では、上海派遣軍（のち中支那方面軍、次いで中支那派遣軍）に特務部が設けられ、部長に原田《はらだ》熊吉《くまきち》（22期）が任命される。原田も、中国公使館付武官補佐官、南京武官、中国大使館付武官等を務めた支那通である。原田は、部下の楠本実隆とともに華中の占領地政権づくりを進めた。ところが、軍司令官の松井石根は、華中にこそ中央政府を樹立すべきだと論じ、地方占領地政権をつくろうとする特務部の動きには不満であった。そのため松井大将は、特務部とは別に、軍司令部参謀の長勇と南京特務機関長の臼田《うすだ》寛三《かんぞう》（25期）に政権樹立工作を進めさせた。長と臼田は、交代を予定された松井の帰国前に新政権を樹立させようと強引に工作を進め、周囲と悶着《もんちゃく》を起こしてしまう。とくに反撥したのは、華北の臨時政府を将来の中央政府の母体にしようとしてきた北支那方面軍であり、陸軍中央は二つの現地軍の間に立って困惑した。結局、華中の新政権は一九三八年三月、中央政府的なよそおいを取り去り、中華民国維新政府として成立した。

このエピソードを通して、陸軍支那通はつねに結束していたわけではないことがよくわかる。また、支那通たちが中国人を操縦して新政権をつくらせたという反面、中国人（この場合は華北政権首班の王克敏《おうこくびん》と華中政権首班の梁鴻志《りょうこうし》など）も支那通たちを、あるいは彼らの対立をうまく利用していたことが見て取れる。それは、かつて軍閥の顧問たちが軍閥を操縦していたように見えて、しばしば逆に軍閥が彼らを利用していたことの再現でもあった。

謀略工作

臨時政府も維新政府も、発足はしたものの、いずれも弱体で、国民政府に対抗する新中央政府の母体としてはこころもとなかった。国民政府は、否認されても、屈服しそうになかった。その屈服をはかるための軍事作戦には、日本の国力から見て自ずと限界があった。それゆえ陸軍は軍事作戦以外に、様々な手段を用いて中国の屈服をはかろうとする。軍事作戦以外に軍が実施した、そうした工作は一般に謀略と呼ばれる。

謀略というと、普通は、相手をペテンにかけるダーティな工作と受け取られがちである。たしかに、そのような欺瞞的工作も謀略のなかに含まれよう。しかし、陸軍が謀略と呼んだのは、軍事目的を達成するための非軍事的措置で、秘密裡に実施される工作であった。軍事目的を達成するための軍事的措置が作戦だとすれば、軍が軍事目的のために作戦以外の手段を用いて実施する工作を謀略だと考えてもよい。この意味からすれば、占領地政権づくりも謀略の一部と見なされよう。

事変発生の数カ月後、参謀本部に第八課、通称謀略課が新設される。その職掌は、謀略と宣伝であった。初代課長は、永津の後任の支那課長から転じた影佐禎昭である。当初は、次のような工作の実施が検討された。諸外国から蔣政権への物資補給を妨害するため、香港、ハイフォン、ハノイなど輸入港で荷揚労働者のストライキを誘発する。匪賊や反蔣団体を煽動して、輸送路を攻撃し、積み荷を強奪もしくは焼却する。とくに回教徒を唆《そそのか》してソ連から新疆を経由する輸送を妨害する。

抗日に反対する新政権樹立運動を助成するため、日本軍占領地域内に反共、反国民党、反蔣介石を目指す秘密団体を結成する。買収や利益供与を通じて、抗日勢力の支配地域にある軍閥や民衆の寝返りを誘う。敵の軍需工場、官庁、輸送機関等に対し破壊工作を行ない、内部擾乱《じようらん》を激化させる。回教徒を親日、反抗日政権運動に導く。

抗日勢力の内部抗争を激化させ自壊に導くため、蔣介石独裁を支える特務機関を、テロや買収によって弱体化させ壊滅に追い込む。抗日政権内の共産系・抗日系要人にはテロを指向し、その他の要人の買収をはかる。在外華僑を親日政権支持に誘導する。蔣政権の金融を崩壊させる。

コードネーム

このような工作がすべて即時実施されたわけではない。ただ、これによって謀略なるものの性格と範囲は理解できるだろう。一九三八年六月には、もっと具体的な謀略計画が策定される。これにはそれぞれ次のようなコードネームが付けられた。

まず、一流人物を起用して強力な新政権樹立の気運を醸成する工作は鳥工作と呼ばれ、任務別に鳩工作、鷹工作、鷺《さぎ》工作、鷲《わし》工作、鳶《とび》工作などが計画された。蔣政権下にある雑軍を懐柔帰服させる工作は獣工作と称し、対象別に狐工作、栗鼠《りす》工作、狗《いぬ》工作、狸工作、猫工作、鹿工作、牛工作、兎工作などと名付けられた。ほかには、西南軍閥を利用する工作（山工作）、蔣政権の通貨である法幣を様々な手段によって崩壊させる工作（海工作）が挙げられている。

コードネームはなかなかユーモラスだが、ここには、陸軍が軍事的手段以外に、どんな手段を使ってでも蔣政権を屈服に追い込もうとした意図がよくあらわれている。同年一〇月の広東作戦、漢口作戦以降、陸軍は本格的な作戦を敢行し得る余力を失い、作戦以外の非軍事的手段に寄せる期待を高めた。謀略の重要性がますます大きくなったのである。陸軍支那通は、こうした謀略に従事することが多く、ともすると謀略将校というイメージで見られるようになってゆく。

土肥原機関

そうした謀略将校の代表が土肥原賢二である。事実、前述した謀略計画実施を統括するために、土肥原中将を長とする大本営直轄機関が設けられ、それは土肥原機関と呼ばれた。機関員には、柴山兼四郎、大迫通貞《おおさこみちさだ》（23期）、和知鷹二らが任じられている。

土肥原は五相会議が設置した対支特別委員会のメンバーでもあった。同委員会は、外務、陸軍、海軍三省協力の下で新中央政府樹立と謀略を実施するために設けられ、三省からそれぞれ代表一名が委員に任じられたものである。土肥原は陸軍の代表であり、外務省からは外相宇垣一成の推薦により坂西利八郎が委員となった。言わばかつての「師弟」が委員会のメンバーとなったわけである。実際には、委員会が審議会的機能を果たし、工作の実施には前述した土肥原機関が当たることになった。

土肥原は、新中央政府の首班として、弱体ぶりが露呈された既成政権（華北の臨時政府と華中の維新政府）の首脳ではなく、声望のある有力政治家を起用しようとした。その工作の対象となったのは、かつて袁世凱に重用され国民党の重鎮ともなった唐紹儀《とうしょうぎ》と軍閥呉《ご》佩孚《はいふ》である。その後、唐紹儀は国民政府のテロによって殺害され、土肥原の工作は呉佩孚一人にしぼられてゆく。

だが、この工作に対しては、既成政権とそれをバックアップする現地軍の抵抗が強かった。陸軍中央も誰を新中央政府の首班にすえるべきか、確定できなかった。そのうえ、重慶に移転した国民政府から汪兆銘《おうちょうめい》が離脱して政権樹立の意向を示すと、今度は汪と呉との間にも競合関係が生まれた。陸軍は、新中央政府の政治は汪兆銘が、軍事は呉佩孚が指導するという合作政権の成立に期待をかけたが、ことはそれほど容易には運ばなかった。

一方、呉佩孚は新中央政府軍の母体をつくると謳って、華北の雑軍を徴募し始め、これが臨時政府の匪賊討伐と衝突した。上海に本拠を置く土肥原の指示を受け、現地で呉佩孚側との交渉にあたったのは大迫少将だったが、呉佩孚に翻弄され、現地軍との対立を深めた。結局、土肥原機関は呉佩孚工作から手を引き、機関自体も解消に向かう。やがて呉佩孚は病死した。

呉佩孚と並ぶ軍閥、山西モンロー主義を標榜して山西省の半独立状態を維持してきた閻《えん》錫山《しゃくざん》を対象とした工作も試みられている。この工作は対伯工作とも呼ばれ、一九四〇（昭和一五）年、第一軍参謀長となって太原《たいげん》に赴任してきた田中隆吉が、閻錫山との間に共産勢力に対抗するために事実上の停戦を成立させ、重慶の抗日陣営から閻を離脱させようとしたものであった。

田中は支那研究員時代に張家口に勤務し、その頃から閻との関係があったと言われる。関東軍参謀時代にも、内蒙工作の過程で田中は閻と会見している。こうした関係を、田中

和知鷹二（『三人の放火者』）

は利用しようとしたのだろう。田中が陸軍省兵務局長となって帰国したあと、工作は第一軍司令官の岩松義雄と参謀長の花谷正に引き継がれ、大東亜戦争開戦後の一九四二年に積極化したが、結局、成果を挙げることはできなかった。

和平工作

支那通軍人は謀略だけにかまけていたわけではない。指揮官あるいは参謀として出征し、作戦に従事していた支那通たちも少なくない。ただ、政治工作を含む謀略は、支那通の得意分野だっただけに、どうしても彼らの起用されるケースが多かった。むろん彼らの多くが進んで謀略に従事したことも疑いない。なお、謀略実施のため土肥原機関以外にも様々の特務機関が生まれたが、事変が長期化し戦線が拡がると、中国をよく知らない軍人も必要上、謀略にタッチするようになった。これが、しばしば謀略の質を落とす原因にもなったという。

支那通軍人が和平工作に関与したケースもある。たとえば、和知鷹二がそうである。前述したように和知は土肥原機関の一員として、西南派将領を抗日陣営から離反させ呉佩孚に合作させる工作に従事した。このように呉佩孚工作に従事すると同時に、彼はそれと並行して国民政府との直接和平をも試みている。彼がそのエージェントとして使おうとしたのは蕭振瀛《しょうしんえい》である。蕭はもともと宋哲元の政治幕僚で、察哈爾省主席や天津市長などを務めた。天津軍の参謀であった和知とのつながりは、その頃にできた。

支那事変発生後、蕭は香港に住んでおり、和知は彼に、国民政府の要路に和平を説くよう要請した。最近、台湾で公開された史料によると、蕭は蔣介石や何應欽との間に連絡があったようである。一九三八年秋、参謀本部は一時この和知工作に大きな期待をかけた。蕭振瀛のルートは当時漢口にあった国民政府に通じる最も有望なチャネルと見られた。一方、蔣介石や何應欽は蕭を通じて、日本側の情報を収集すると同時に、広東・漢口作戦を中止させようとしたようだが、それはかなわず、周囲から日本との接触に対する反対も出たので、このチャネルを閉じてしまった。陸軍が有名な汪兆銘工作に乗り換えるのは、この蕭振瀛工作の終了のあとである。

和知工作には、その頃軍人たちが試みていた様々の和平工作と共通する点がいくつかある。たとえば、とくに支那通軍人の場合、和平のチャネルとして利用できるエージェントを駒として持っていたことが挙げられよう。事変以前につちかった中国要人とのネットワークが活用されたのである。和平工作に軍人、とりわけ陸軍軍人が多数登場するのは、このためであった。ただし、彼らが和平のチャネルとして利用した中国人のネットワークが、国民政府にどれほどの影響力を持ち得たのか、それは別問題である。軍人がかつて北支自治運動や西南工作に使った人物を和平工作に役立てようとしても、それは逆効果だったかもしれない。

軍人の和平工作に関して重要なポイントは、彼らが国民政府の内部分裂をねらう謀略工作と並行して和平工作を実施していたことである。しかも彼らは謀略と和平との間に明確な一線を引かなかった。ある和平工作が所期の目的を達成し得ないことが明らかとなったあとも、しばしばその工作は情報収集や敵の内部分裂を策する目的をもって継続された。変幻自在と言えば、そう言えなくもないが、中国側の信用を得るには、少なくともプラスには働かなかっただろう。むろん中国側も和平工作を装いつつ情報収集や混乱誘発をねらうことが少なくなかった。

梅機関と汪兆銘工作

和知の工作組織は蘭機関と呼ばれた。ほかにも同系列のコードネームを持った機関がある。たとえば、呉佩孚工作の一環として大迫少将が組織した竹機関は、華北での雑軍の募集に関与した。のちには川本芳太郎《かわもとよしたろう》(31期)がこれを引き継いだ。支那派遣軍総司令部付となった川本大佐はのちに上海に松機関を組織し、和平のための民衆工作を実施したという。

松、竹とくれば、次は梅である。梅機関は、有名な汪兆銘工作のために影佐禎昭を長とし、外交官や海軍軍人、民間人をもメンバーとして組織された。影佐大佐はもともと強硬論者だったようだが、支那課長時代に石原莞爾の感化を受け、早期和平論者に転向したのだと言われる。

のちに汪工作に発展する動きに影佐が関与するのは、彼が謀略課長のときであった。それゆえ、この工作は本来的に、国民政府から要人を離反させる謀略として始まったと見られることが多い。影佐も、この工作の推進を上部に説明するときには、謀略としての側面を強調して了解を得ようとした形跡がある。だが、彼自身は、汪兆銘による和平実現に本気で賭けていた。

影佐禎昭（『文藝春秋』1938年11月号）

最初にこの和平工作に関わったのは、同盟通信中南支総局長の松本重治《まつもとしげはる》と、満鉄南京事務所長の西義顕《にしよしあき》であった。彼らは、影佐が軍人には珍しく他人の意見に謙虚に耳を傾け、硬直した思考を排する柔軟で寛容な人物であることを高く評価し、和平の可能性を探りに来た中国人の密使をあえて影佐に接触させた。やがて陸軍省の軍務課長に転じた影佐は、彼の士官学校時代の区隊長、陸相板垣征四郎の政策幕僚として勤務する傍《かたわ》ら、汪工作の進展を見守り、それを直接あるいは間接的に支えた。重慶を離脱してハノイに出てきた汪の身辺が危険になると、影佐は軍務課長の職を離れて現地におもむき、汪一行を救出した。

なぜ影佐はこれほどまでに汪工作にのめり込んだのだろうか。その理由の一つは、彼が汪の人間性に惚れ込んだことにある。かつて佐々木到一は、国家本位で私利私欲のない広東時代の国民党指導者に傾倒したが、汪はロマンティストで文人肌《ぶんじん》であるだけでなく、その当時の国民党の伝統を最もよく受け継いでいる人物であった。ハノイから船で上海に向かう途中、汪と話し合う機会を持った影佐は、汪に対する尊敬の念を強めるばかりであった。

もう一つの理由は、これと表裏一体の関係にある。つまり、蔣介石への批判と不信である。前述したように、蔣は独裁体制を目指し権力を私物化しているように見えた。また蔣は、人々の政府に対する批判をそらし国家統一を進めるために、抗日を利用した。こうした政治の在り方は、影佐ら支那通軍人が共感を寄せた中国革命の理想像から、あまりにもへだたっていた。これに対して、汪はより寛容で公正な政治の方向を示唆しているように思われたのだろう。また蔣が抗日をシンボライズしていたとすれば、汪は日中提携を体現しているように見えた。

紆余曲折の果てに

だが中国人が望んだのは、公正寛容ではあっても他国に依存するひ弱な政治ではなく、独裁的ではあっても外国の圧力に強く抵抗し大国たらんとする政治であった。権力の基盤からして、蔣介石が軍隊と秘密警察を掌握しているのに対して、汪兆銘はそうしたものを持たず、華麗な弁舌と文章で人々を魅了することが、政治家としての資産であった。しかし、弁舌と詩文だけでは軍隊と秘密警察には勝てなかった。抗日が民意であれば、華麗な弁舌と文章だけでそれをくつがえすことも無理であった。

影佐を含め日本側は、汪につづいて多数の要人が国民政府から離反することに期待をかけた。和平のためであろうと、謀略のためであろうと、それがこの工作の直接のねらいであった。しかし、それは希望的観測に過ぎなかった。やがて汪は、日本軍の占領地に和平政権をつくり日中提携の実績によって国民政府を和平に誘導しようとする。

それでも政権樹立までには紆余曲折《うよきよくせつ》があった。日本側は戦時の必要を言い立て、汪の主張を認めないことが多かった。東京（日本側）と南京（汪政権側）との間で困難な立場に立ったのが影佐らの梅機関である。影佐は、東京では汪のために弁じ、南京では日本の都合を受け入れてもらわねばならなかった。あまりの要求の大きさと多さに汪が政権樹立を断念しそうになったとき、彼を説得して政権樹立に漕ぎ着けたのは、影佐の「功績」であった。

汪政権樹立後、影佐は最高軍事顧問に就任した。その頃、南京政府（汪政権）の宣伝部に籍を置いていた詩人の草野心平《くさのしんぺい》は、影佐と会ったとき「背の高い学者が軍服を着ているような錯覚」を覚え、「あったかい理性の人」に思えたという（『人間影佐禎昭』）。しかし、だからといって、影佐が汪政権の傀儡性を変えることができたわけではない。のちには影佐自身、汪政権樹立が失敗であったことを認めざるを得なくなっていた。

支那通の終戦工作

汪兆銘工作以外にも、支那通軍人が和平工作に関わった事例は多い。最後に、大東亜戦争末期の中国を対象とした終戦工作の例を紹介しよう。

実は一九四〇年末から敗戦直前となるまで、軍が重慶との和平工作に直接関与することは禁止されていた。従来、軍人の行動がしばしば和平工作を混乱させてきたがゆえの措置であった。だが、情報収集を名目として、重慶との連絡ルートを探る軍人の試みは継続されていた。たとえば、北支那方面軍司令官の岡村寧次は、かつて黄郛のもとで日本側との連絡役を務めた殷同に、重慶との連絡を要請した。殷は彼と同じく日本陸軍経理学校出身で重慶にあった王大楨《おうだいてい》（王芃生とも称する）に連絡をつけたが、この王は諜報関係者で、戦後は共産党員であることが判明したという。殷を通じた工作は連絡以上には進まず、やがて一九四二年末に殷は死去してしまう。

一九四四年一一月、支那派遣軍総司令官に就任した岡村は、袁良から蒋介石のメッセージなるものを伝えられた。だが、それが本物であるかどうかは疑わしかった。袁はかつて第一次山東出兵の際、佐々木到一が日中両軍の衝突を避けるため連絡員として同行した人物である（のちに北平市長を務めた）。支那通が中国側とコンタクトする場合には、この種の知日派がしばしば登場する。

同じ頃、首相の小磯國昭も中国との和平を模索していた。彼は、重慶との和平を達成したならば、そのあと蒋介石に連合国との和平橋渡しを期待していた。ちょうどそのとき、情報局総裁の緒方竹虎《おがたたけとら》から有望と思われる和平ルートを推奨される。それは、朝日新聞社時代の緒方の旧部下から強く勧められたもので、汪政権の考試院副院長、繆斌《みょうひん》から重慶側の諜報機関、軍統（国民政府軍事委員会調査統計局あるいは藍衣社）につながるルートであった。有名な繆斌工作の始まりである。

小磯首相はこれを確認するため現地に腹心を派遣する。派遣されたのは、小磯の陸士同期生、すでに退役していた支那通軍人の山縣初男である。山縣は年末に現地におもむき、繆斌と会見して和平案を作成し、翌年二月東京に戻った。こうして繆斌工作は本格化したが、政府および軍の首脳レベルでこの工作に積極的なのは小磯と緒方だけであった。前南京政権（汪政権）最高軍事顧問で陸軍次官に転じていた柴山兼四郎も、繆斌は信用できないと反対した。天皇も反対を表明し、小磯は工作継続を断念、内閣も総辞職した。

一九四五年四月、小磯内閣の総辞職後、ようやく軍は重慶との和平工作に関与することを許される。その頃、支那派遣軍総参謀副長の今井武夫は、重慶軍の第一五集団軍司令官、何柱國《かちゆうこく》との間に連絡をはかりつつあった。

今井は、支那班長のときに汪兆銘工作に深く関わり、支那派遣軍参謀時代（一九三九年）には総参謀長板垣征四郎の下で桐工作と呼ばれる工作の交渉当事者ともなった。桐工作には、陸軍中央も支那派遣軍もかなり乗り気だったが、宋子文の弟、宋子良《そうしりよう》と名乗る交渉相手は偽者であった（軍統の工作員だったという）。結局、この工作も重慶側の謀略として打ち切りとなった。

一九四五年七月、今井はようやく河南省の敵地で、かつては旧東北軍将領であった何柱國との会見に成功する。今井は日中和平の急務を説いたが、何はもはや日中の単独和平はあり得ないと述べた。日本が連合国と和平を望むならば、それを米英に伝えてもよいが、その場合日本は本土以外の領土をすべて放棄する覚悟が必要だろう、と何は勧告するだけであった。今井は大きな衝撃を受けながら何との会見始末を大本営に報告した。

大本営でも今井の報告にはかなりの関心が払われたという。しかしポツダム宣言をめぐる混乱のせいか、今井が待ち望んだ中央からの指示は発せられなかった。やがて原爆が落ち、ソ連が侵攻し、日本は降伏する。

終章——支那通の功罪

南京「虐殺」

佐々木到一はどうしていたのだろうか。満洲国軍最高顧問から第三〇旅団長に転じていた佐々木は、一九三七年、支那事変で南京攻略戦に参加していた。南京周辺の地理に通じた佐々木が率いる第一六師団の右側支隊は、紫金山《しきんざん》北麓を迂回し一二月一三日午前下関《シャーカン》に突入、同時に中国軍の退路を遮断《しゃだん》するため南京城北側の城門を占領するなど、多くの戦果を挙げた。この日、佐々木支隊の作戦地域内に遺棄された中国軍の屍体は一万数千にのぼり、下関に進出した装甲車が長江上に撃滅した敵兵と各部隊の捕虜とを合わせると、二万以上の敵を「解決」したという。

「解決」した数がすべていわゆる「虐殺」に該当するわけではない。戦闘による死者や、敗残兵の掃蕩《そうとう》も含まれているからである。「虐殺」に相当するのは非戦闘員と投降捕虜の殺戮《さつりく》に限られる。ただし、佐々木の部隊が捕虜を受けつけず掃蕩の名のもとに、戦闘意志を喪失した敗残兵に攻撃を加えたことは争えない。また、投降してきた捕虜に対する攻撃を抑制した形跡もない。

午後二時、敵残兵の掃蕩を終わって佐々木部隊は和平門から入城した。その後捕虜が続々と投降し数千に達したが、激昂《げきこう》した兵士は上官の制止を聞かず片っ端から殺戮した。戦友が流した血と激戦の辛苦を思うと、兵隊ならずとも「皆やってしまえ」と言いたくなった、と佐々木は述べている(『ある軍人の自伝』)。

南京城頭に立った佐々木は、その感慨を次のように綴《つづ》っている(同右)。

実に予が若冠《じやつかん》の明治四十四年以来満州問題解決を目標としてひそかに国民党に好意を表しつづけていた夢が、彼らの容共政策のため殊《こと》に蔣介石の英米依拠の政策によって日本との関係を絶って以来その夢が破れ、排日侮日のさなかにあってつぶさに不快をなめ、皇軍の前途をうれいて憤然ここを去った昭和四年夏の思い出がまざまざとよみがえる……。

「今にみよ」

これは私憤では断じてない、信義を裏切る者には後日かならず天譴《てんけん》を下さねばならぬ、これが爾来《じらい》予のかたき信念となったのである。紫金山の中腹にねむる孫文の霊はさぞかし口惜《くや》し涙をふるっているだろうと思う。

一二月二一日、南京西部地区警備司令官に就任した佐々木は、城内粛清委員長と宣撫委員長とを兼ね、苛烈な「便衣《べんい》狩り」（平服に着替えた中国軍敗残兵の掃蕩）を行なったと伝えられる。

『私は支那を斬く見る』

佐々木はその後、中将に昇進して第三独立混成旅団長、北支那憲兵隊司令官、第一〇師団長を務め、大東亜戦争開戦前の一九四一年四月に予備役に編入された。退役後、満洲国の協和会理事となり、そこで中国経験を綴った著書『私は支那を斬く見る』を刊行している。親国民党であった彼が南京事件・済南事件を経て反国民党に「転向」した経過が、この著書にはよく表れている。

佐々木によれば、一九四一年の中国は軍閥時代の中国と本質的には変わっていなかった。「支那の本質がどこまで改造されたかは大なる疑問である。少なくとも各国の半植民地だった十年以前の支那が、現在に於て著しき変貌を来たしているものとは思われない」「支那はいま十年以前の支那に、国民党もまた十年以前の国民党に逆戻りしている。端的に言えば崩壊したのである」。

中国が本質的に変わらないとすれば、それは革命が、あるいは国民党が「堕落」したからであった。蔣介石ら国民党指導者は、「国民党中に於て更に党を作るものであって孫中山の後継者ではない。彼は実に私党を以て国家の看板を掲げ、国利民福を売り私利を図って国家統一を標榜するものであった」。こうした堕落は国民党の対外政策にも影を落としている。国民党は反帝国主義、国権回復を唱えたが、「単に攘夷だけを民族革命の唯一の手段と考えたところに大なる誤謬があるのである。退《しりぞ》いて内を修めることを第一におかない限り、所謂不平等条約の撤廃を要求する資格のなかった己の姿を直視することを忘れたのである」。しかも、その反帝国主義、国権回復はポーズに過ぎない。「国民党は容共政策とともにソ連と共産党とに根を張らせて国家の統一を害し、英米をひいて国権を売り植民地化の拍車をかけるの愚をくり返しているのである」。

支那に「裏切られる」

佐々木の主張をこれ以上紹介してもあまり意味はないだろう。かつてのユニークな視点は影をひそめ、当時の一般的・通俗的な中国論とほとんど変わるところはなかった。注目されるのは、こうした国民党批判よりも、彼があの個人的体験をまだひきずっていたことである。あのあと、佐々木は済南を再訪する機会があったが、そのたびに当時のリンチの光景がまざまざとよみがえり、「焼打ちでもしてやりたい程憎悪の衝動」に駆られたという。

そうした憎悪や復讐心が南京「虐殺」につながった、とするのはあまりに短絡的な見方だろう。だが、彼の個人的な体験が佐々木の中国観を変えてしまったことは疑いない。
「下劣極まる宣伝に惑わされ躍らさるる支那から受取るものは憤懣以外何ものもない……不幸にして私は排日の支那から極めて不快なる多くの経験をしなければならなかった」。彼は次のようにも述べている。「支那人のためにはかる者はすべからく食い物にされる」と。それが彼の実感であった。

防衛大学校図書館に所蔵されている『私は支那を斯く見る』には、不思議な部分がある。これは佐々木が知人に贈呈したものだが、蔣介石政権の残忍さを論じた次のような箇所が、おそらくは佐々木自身の手によって墨で塗りつぶされているのである。

吾々同胞はこれを支那民族の残忍性の一面として牢記《ろうき》せねばならぬ。将来と雖《いえど》も機会だにあらばこれを再び三度繰返すものであることを銘肝《めいかん》しておかなければならないと思うのである。弱しと見ればつけ上がり威たけだかになるところの心理は、恐らく支那人を知る限りの日本人は承知している筈である。これに油を注げば如何《いか》なる非道の行為にも発展するものであることを。

なぜ佐々木はこの部分を塗りつぶしたのか。たぶん、これが蔣介石政権非難を飛び越えて、激しい中国人（漢民族）非難となってしまっているからではないだろうか。当時、日本は重慶の蔣介石政権と戦いながら、汪兆銘が南京に樹立した政権とは提携を謳っていた。つまり、日本は中国ないし中国国民と戦っているのではなくて、むしろ真の日中提携を目指しているのに、蔣政権はそれを理解せず、外国の策謀に踊らされて抗日を継続している、これが当時の公式見解であった。佐々木の議論はこれと矛盾しかねなかった。

こうしてみると、佐々木は単に親国民党から反国民党になっただけではない。中国人自体に対して、かつての親しみを失い懐疑的となっていた。南京事件と済南事件、そして実際に戦った事変という名の戦争の体験は、これほどの傷跡を残したのである。

中国と日本陸軍

陸軍は、明治初期以来、隣の大国、清帝国に関して組織的に情報を収集した。当初の情報収集の動機はきわめて単純で、隣国であるがゆえに日本の安全に関わる重要地域と見なされたからだろう。その情報収集は、地図や地誌、民情など、基礎的データの整備から始まった。

その後、朝鮮半島をめぐって日清間に対立が発生すると、戦争相手となるかもしれない清国に関する情報収集にはさらに努力が傾けられた。日清戦争後にも、その努力は止むことがなかった。今度はロシアとの対立が顕在化し、満洲が予想戦場と考えられたからである。また、対露戦の場合は、中国の向背《こうはい》がその戦争の帰趨に重大な影響をおよぼすと予想されたからである。それゆえ陸軍は、予想戦場の状況だけでなく、中国の政治動向にも強い関心を寄せた。

この事情はロシアがソ連に変わっても、基本的には変化しなかった。対ソ戦の場合にも予想戦場は満洲であり、中国の動向が重要な意味を持つことに変わりはなかったからである。ただし、日露戦争の結果、重大な変化が生じていた。それは、日本が満洲に巨大な権益を獲得したことである。大陸の権益を保持し拡張することは日本の国策となった。陸軍は、大陸の第一線で、その国策遂行にあたる役割をになうことになったのである。しかも、第一次大戦の教訓として、将来の戦争はあらゆる資源を動員する総力戦になるだろうと予想されるようになり、陸軍はあらためて中国の軍需資源に目を向けるようになる。

こうして陸軍は、対ソ戦略からだけでなく、権益の確保・拡大という国策遂行の面からも、中国への影響力を強めようとし、そのために中国の動向に関する情報を必要とするようになったのである。そして、その情報収集の主たる役割をになったのが支那通ということになる。

ところで、陸軍支那通たちの多くには、そうした情報将校としての任務意識だけが働いていたのではない。彼らにはしばしば、西洋列強の圧迫から東洋を守るという素朴な「東亜保全」のロマンティシズムが作用していた。陸軍支那通が単なる情報将校というだけにはとどまらない性格を有しているのは、大半がこのロマンティシズムに由来している。

彼らの論理にしたがえば、東亜を保全するためには、隣国の中国と提携すべきだったが、そのためにはまず、中国がその必要性に目覚めねばならなかった。こうして、中国の覚醒をうながすことが、支那通たちの目標に加えられた。このような観点から、彼らの一部は辛亥革命を歓迎したのであり、国民党による国民革命への期待を表明する佐々木のような新支那通も現れたのである。

しかしながら、情報将校の任務と東亜保全・日中提携の理想が両立するとは限らなかった。支那通たちはときとして、理想よりも、権益拡張の国策遂行を優先した。一方、目覚めた中国は必ずしも支那通たちの期待に応えてはくれなかった。その失望から、中国への強硬論を唱えるにいたる新支那通も少なくなかった。その典型が佐々木到一であった。

支那通の通弊

陸軍支那通には、ステレオタイプ化したイメージが付きまとう。たとえば、大言壮語し、中国大人風、豪傑風をてらうタイプ。あるいは陰険な謀略家タイプ。こうしたイメージがつくられたことには、それなりの理由がある。とくに、情報を収集するために中国の軍閥に取り入り、日本の大陸浪人とか支那ゴロと呼ばれた人々と付き合ううちに、そうしたイメージにつながる態度や振舞を身に付けてしまったのだろう。

すでに述べたように、こうしたタイプは、日露戦争以前に支那通の道を歩み始めた軍人、いわゆる旧支那通に多かった。彼らは、しばしば軍閥や地方の動向に密着しすぎて、中国全体の動きを見失いがちであったと言われる。「満蒙通」や「山西通」あるいは「広東通」といった、中国の特定地域に精通したスペシャリストは出たが、中国全体を見渡してその動向を的確に分析できる真の意味での支那通はきわめて少なかった、とも言われる。しかしその反面、個々の軍閥に関する情報は詳細をきわめ、他の追随を許さなかった。軍閥が日本の外交官や領事よりも軍人に接近し、情報を提供したからである。そこには、情報提供を通じて日本の対中政策を自己に有利な方向に導くには、実権を有する軍人に接近したほうが効果的だ、という計算が働いていた。支那通が軍閥を操縦したつもりが、逆に軍閥に操縦されてしまった、ということの背後にはこうした事情があった。

しかし、中国自体の変化により、こうしたパターンの情報収集だけでは、中国の進むべき方向を的確につかむことがむずかしくなった。それまでは軍閥の動向が、中国政治の方向を占ううえでの重要なファクターだったかもしれないが、一九二〇年代後半以降は、いくら軍閥に密着しても、中国が向かうべき方向をキャッチすることは困難になっていたのである。そうしたときに軍閥に密着することは、文字どおり時代錯誤的であった。ここに登場するのが、新支那通と言われる新しい世代の支那通軍人である。彼らは軍閥との密着を避け、ナショナリズムの昂揚に示される中国の新しい動向に目を向けた。日露戦争後にむろん世代の違いだけで支那通軍人の類別が整然とできるわけではない。

支那通の道を歩み始めた軍人であっても、意識や行動スタイルの面で旧支那通と同じパターンを示す軍人は少なくなかった。板垣征四郎、土肥原賢二、田中隆吉、長勇、和知鷹二などがその典型である。ただし、佐々木到一に代表されるように、こうした旧支那通的特徴とは異なる性格を持った支那通たちが舞台に登場し、一九二〇年代後半に責任ある地位に就き始めたことも間違いない。

変化の予感

中国情勢の大きな変化は、支那通のみならず陸軍全体が感じつつあることでもあった。たとえば一九二九年、在華公使館付武官・諜報武官を集めた会議で陸相白川義則は、中国情勢の変化に対応する情報活動の重要性について次のように訓示している（『陸軍省密大日記』昭和四年第一冊）。

従来中国における陸軍の諜報は最も正確かつ迅速、しかも事件の真相にふれているので、政府が対策を立てる際に最も信頼できる根拠とされていたが、現在は必ずしもそうではなくなったようである。つまり「我陸軍の諜報機関の支那人に喰入《くいい》り方が以前より深刻さを減じてきたのではないかと思わるる節もないではない」。言うまでもなく諜報の完璧さを期そうとすれば中国の事情に精通するとともに、有力な中国人に深く食い込んで時局の推移や政治外交の真相を偵知することが肝要である。また、陸軍の諜報としては当然、軍事諜報に重点を置くべきだが、中国では軍事が政治外交と密接な関係を持っているので、つねに視野を広くし、軍事とともに政治や外交、とくに民衆運動やそれと思想との関係、中国における欧米列国の各種勢力や各国の対中観念の変化などにも十分注意を払い、それらを研究したうえで報告するよう留意されたい、と。

この陸相訓示を見れば、陸軍支那通はかつて軍閥に密着したほど、この時点での有力政治家には密着していなかったことがわかる。また、民衆運動や思想への言及は、中国の変貌を感知したうえでの注意であった。

中国を知りすぎたゆえに

では、中国の民衆運動や思想への関心はどのような結果をもたらしたのだろうか。たしかに新支那通からは、軍事だけでなく経済や社会状況あるいは民衆運動の動向をも理解しようとする軍人が現れた。そうした意味では、軍閥密着型よりも中国エキスパートとしての専門化が進んだと言えるかもしれない。だが、それは必ずしも望ましい結果をもたらさなかった。

つまり、中国の現状についての理解が深まれば深まるほど、彼らは、日本の権益保持・増進という自らの任務と、中国の目指す方向との矛盾に気づかなければならなかったのである。佐々木到一がそうであったし、磯谷廉介も永津佐比重もそうであったかもしれない。

当初彼らは国民革命に共鳴し、革命を通じて中国が統一されれば、日本との間に安定した提携関係が築かれると期待した。しかし、それは彼らの一方的な思い込みでしかなかった。彼らは自分たちが共鳴し援助してきた国民革命であるだけに、その国権回復運動が日本を例外的な特別あつかいにするものと信じ込んだ。しかし、半植民地的境遇からの脱却を目指す中国が、日本を例外とすることなどあり得なかった。そうした中国の行動を、佐々木などは「裏切り」ととらえたのである。

こうして彼らは、佐々木の主張に代表されるように、国民革命の「堕落」や限界を指摘するようになった。国民党による国家統一は名目的なものにすぎず、地方には国民政府の威令がおよばない広大な地域がある、と彼らは主張した。そのとおりであった。中国は日本を牽制するために欧米諸国を利用し、欧米を牽制するために日本を利用している、と彼らは批判した。これも間違いではなかった。統一を進め、また政府に対する批判をかわすために、蔣介石は国民の排外ムードを利用し、抗日を操作している、と彼らは分析した。これも的外れとは言えなかった。国民政府は蔣介石の独裁に堕しつつあり、特務組織を使って国民党以外の政党政派を弾圧し、国民革命の理念から遠ざかっている、と彼らは論じた。これも真相の一面を衝いていた。影佐禎昭が汪兆銘工作にのめり込んでいったのは、こうした蔣介石政権に対するアンチテーゼを汪に求めたことにも理由があった。

要するに、佐々木や影佐などの新支那通たちは、新しい中国をまったく理解しなかったのではない。むしろ彼らは、支那通として当然のことながら、中国の現状をよく理解していた。皮肉な言い方かもしれないが、よく理解していたがゆえに、彼らは中国と対抗せざるを得なかったのである。中国の実態を知っていたがゆえに、その欠陥に目を向けてしまったのである。

単純化して言えば、彼らは中国を理解したが、その理解は一面的でしかなかった、ということになるのだろう。彼らは真実の半面をよくつかんだが、もう一つの半面を無視してしまった。あるいは、彼らに課せられた任務を遂行するためには、無視せざるを得なかったと言うべきかもしれない。

軍の要職へ

では、そうした彼らの中国観や中国分析はどの程度、陸軍ひいては日本の対中政策決定に影響をおよぼしたのだろうか。この点で注目されるのは、満洲事変後、支那通が陸軍中央の要職に就くケースが目に付くことである。旧支那通の時代には、駐在する現地では華々しく活躍しても、本国の中央機関では、せいぜいのところ支那課長に就任するくらいが関の山であった。例外は、参謀本部情報部長となった松井石根がいる程度である。

これに対して、一九三三年から約二年半、情報部長には磯谷廉介、岡村寧次と二代つづけて支那通が就任している。磯谷はさらに一九三六年、陸軍省軍務局長ともなった。軍務局長のもとで陸相の政策幕僚を務める軍務課長には、支那事変前後の二年間、柴山兼四郎と影佐禎昭が就いた。

こうした傾向は、グループとしての支那通の政治力が大きくなったことを意味するわけではない。そうではなくて、日本にとっても陸軍にとっても中国との関係がきわめて重要となったがゆえに、支那通が起用されたと見るべきだろう。支那事変発生後に多田駿が参謀次長に就任したり、板垣征四郎が陸相となったのも、ほぼ同じ理由に基づいている。

なお、土肥原賢二が教育総監になったのは、支那通であったこととほとんど関係していないだろう。そこには、様々な偶然が作用したように思われる。また、鈴木貞一が興亜院政務部長を務め予備役に編入されてから企画院総裁となったことや、田中隆吉が東條英機陸相の下で兵務局長に就任しているのも、支那通であったことと関係はない。この二人は、すでに支那通のキャリア・コースから離れていた。

いずれにせよ、支那事変前後に支那通が陸軍中央の要職を独占したわけではない。作戦畑や他の情報部門よりも優位に立ち、政策決定に大きな影響力をおよぼしたわけでもない。以前に比べれば、要職に就く例が増えたというにすぎない。それでも、要職に就いた支那通を通して、彼らの中国に関する見解や主張が陸軍の方針決定に反映される機会は増えたと見るべきだろう。また、岡村、磯谷、柴山、影佐などの場合は、支那通としての実績だけでなく、政策に関わる実務能力が評価されたことも注目されよう（柴山は敗戦直前、陸軍次官となっている)。この点でも、新しい支那通が育ちつつあったのである。

支那通は派閥か

ところで、支那通は一つにまとまった派閥的グループとして行動したのだろうか。そんなことはなかったようである。松井石根と七夫は兄弟、多田駿の妻は河本大作の妹、磯谷廉介は青木宣純の女婿《じょせい》、といった関係を見ると、一見支那通の世界は姻戚関係でつながれたきわめて閉鎖的な社会のように見えるが、これは陸軍ではよく見られる現象で、閉鎖的というのであれば、将校の世界そのものがそうであった。一部に姻戚関係があるからといって、一枚岩的なまとまりがあったわけでない。

これまで見てきたように、支那通の間ではしばしば見解の相違や意見の対立が繰り返された。青木宣純と坂西利八郎は、ときどき異なる意見を本国に具申した。軍閥時代には、多くの支那通が軍閥のエージェントと化し、状況判断も軍閥の意向に影響され相互に対立することが少なくなかった。旧支那通と新支那通との間では、軍閥や国民党の将来性をめぐって基本的な認識の相違が浮き彫りにされた。支那事変の過程では、華北の臨時政府を推す者、華中の維新政府をバックアップする者、呉佩孚を担ぎ出そうとする者、汪兆銘を擁立しようとする者など、複雑微妙な対抗関係が出現した。

ただし、同じような過程を経て養成され、似たようなキャリア・コースを歩んでいたのだから、彼らが気質や思考様式の面で同質的となったことは疑いない。また、支那通が就任するポストは限られているので、同じポストを相前後して務めたり、多くの者が顔見知りで、同じ場所で勤務する機会も多かった。それゆえ、抜き差しならない対立や衝突は回避され、一見すると、支那通は独特の仲間意識を持っているように見えたのだろう。

敗戦

最後に、支那通たちの戦後を簡単に紹介して幕を閉じることにしよう。まず、佐々木到一である。彼は予備役編入後、戦争末期に召集されてもう一度師団長を務め満洲に駐屯したが、敗戦にともない戦犯として逮捕された。一九五五年、撫順《ぶじゅん》収容所で脳出血のため死去している。

終戦直後、蔣介石は国際軍事裁判に起訴すべき戦犯を一二人指定したという。そのうち八人がいわゆる支那通であった。土肥原賢二、本庄繁、板垣征四郎、磯谷廉介、和知鷹二、影佐禎昭、酒井隆、喜多誠一の八人である。八人のうち土肥原と板垣は東京裁判のA級戦犯となり死刑に処せられた。本庄は逮捕令が出た直後、自殺した。酒井は中国の戦犯裁判で死刑となった。磯谷は巣鴨から南京に移送され、そこで終身刑の判決を受けたが、五年後に釈放された。和知は重労働六年の刑に処せられ、二年後仮釈放となった。喜多はシベリアの収容所で病死した。ラバウルで終戦を迎えた影佐は東京裁判の証人として病床で尋問を受け、中国から逮捕状が発せられたが、間もなく病死した。

前述したように、高橋坦は中国の法廷で裁かれ無期禁錮の判決を受けたが、四年後に仮釈放となった。山西省で実業家として活躍していた河本大作は、太原の収容所で病死した。支那派遣軍総司令官として降伏した岡村寧次は、上海の軍事法廷で裁かれ無罪となった。多田駿は戦犯として拘留中に死去し、柴山兼四郎は禁錮七年に処せられたが、三年足らずの間に仮釈放された。

原田熊吉はシンガポールの軍事法廷で裁かれ死刑となった。雨宮巽は、師団長として沖縄戦に参加し戦死した。長勇も軍参謀長として沖縄で戦い、自決した。かつて南京事件の際に領事館で暴民に襲われた根本博は、北支那方面軍司令官兼駐蒙軍司令官として終戦を迎えた。戦後、台湾に逃れた蔣介石の対中共作戦に協力し、金門島《きんもんとう》の防衛に貢献したという。

年表

	日本	日中関係・中国	その他
1868(明治1)	1戊辰戦争(～69.2) 4五箇条の御誓文		
1869			11スエズ運河開通
1870			7普仏戦争(～71.5)
1871	8廃藩置県	9日清修好条規調印	
1873	10征韓論争で征韓派敗れる	12第1回清国派遣将校、渡清	
1874	2陸軍省に参謀局設置	5台湾出兵	
1876		2日朝修好条規調印	
1877(明治10)	2西南戦争(～9)		4露土戦争(～78.1)
1878	12参謀本部設置(統帥権独立)		
1882		7朝鮮で壬午の変	
1884		8清仏戦争(～85.6) 12朝鮮で甲申の変	
1885		4伊藤博文・李鴻章、天津条約調印	
1886		8長崎で清国軍水兵と日本人巡査衝突	
1889	2大日本帝国憲法発布		
1891		5ロシア、シベリア鉄道起工	
1894	7日英新通商航海条約調印(治外法権撤廃)	3朝鮮で東学党の乱 8日本、清国に宣戦布告	

		11旅順要塞陥落	
1895		4日清講和条約調印　三国干渉	
1896		6露清、対日共同防衛の密約	
1897(明治30)			6アメリカ、ハワイ併合条約調印
1898		3ロシア、旅順・大連を租借 ドイツ、膠州湾を租借	
			4米西戦争(〜12)
		6イギリス、九龍を租借（7威海衛を租借） 清の光緒帝、変法自強を宣布	
		9清で戊戌の政変（光緒帝幽閉）	
			12アメリカ、フィリピン領有
1899		3義和団の変（北清事変〜1900.8）	
			10南アフリカでボーア戦争(〜02.5)
1900		6日本、義和団の変に出兵決定	
1901		9義和団事件最終議定書調印	
1902	1日英同盟調印		
1904	2ロシアに宣戦布告		
1905	1旅順陥落		
	3奉天占領		
	5日本海海戦		
		8孫文ら、東京で中国同盟会結成	
	9ポーツマス講和条約調印		
	11韓国を保護国化		
1906		8関東都督府設置	
		11南満洲鉄道株式会社（満鉄）設立	
1907(明治40)	7日露協商調印		

1910	8日韓併合　朝鮮総督府設置		
1911	2日米通商航海条約改正調印（関税自主権回復）		
		10中国で辛亥革命	
1912(大正1)		1第一次満蒙独立運動(〜5)	
		3袁世凱、臨時大総統に就任	
		8中国国民党結成	
1913		3上海で宋教仁、暗殺さる	
		7中国で第二革命	
		8兗州事件　漢口事件	
	9阿部守太郎外務省政務局長、暗殺さる	9第一次南京事件	
1914			7第一次世界大戦勃発
	8ドイツに宣戦布告		8パナマ運河開通
		11日本軍、青島占領	
1915		1日本、中国に二十一カ条の要求提示	
		5日本、中国に最後通牒交付	
		12中国で第三革命	
1916		3第二次満蒙独立運動（〜8）	
		6袁世凱死去	
		7張作霖、奉天督軍兼省長に就任	
1917		1西原借款始まる	
	7寺内内閣、段祺瑞政権援助を決定	7張勲、復辟	
		8中国、ドイツ・オーストリアに宣戦 広東に軍政府成立	
			11ロシア十月革命
1918		5日華共同防敵軍事協定調印	
	8シベリア出兵宣言		

	米騒動		
		9 張作霖、東三省巡閲使に就任	
			11第一次世界大戦終了
1919		2 上海で南北和平会議開催	
			3 コミンテルン結成
		4 関東軍司令部設置（関東都督府廃止）	
		5 パリ講和会議での山東問題処理に反撥して五四運動	
			6 ヴェルサイユ講和条約調印
		7 第一次カラハン宣言（ソ連、中国における特権放棄を声明）	
1920			1 国際連盟成立
	5 沿海州で尼港（ニコラエフスク）事件		
		7 安直戦争	
		9 ソ連、第二次カラハン宣言	
1921（大正10）	5 原内閣、張作霖に対する方針決定		
		7 中国共産党結成	
			11ワシントン軍縮会議開催
1922		4 第一次奉直戦争（～6）	
	5 中支那派遣隊の撤退を声明		
		6 陳炯明、孫文を広州から追放	
	12青島守備軍、撤退完了		12ソ連邦成立
1923		1 孫文・ヨッフェ共同宣言	
		3 孫文、広東に大本営設置	
	9 関東大震災		
1924		1 中国国民党、連ソ容共政策を採用（第一次国共合作）	

		5中ソ国交樹立 9第二次奉直戦争（～11） 10孫文、商団軍を鎮圧 馮玉祥、北京でクーデター 11孫文、神戸で大アジア主義演説	
1925	1日ソ基本条約調印		
		2北京で善後会議（張作霖、馮玉祥、孫文） 3孫文、死去	
	5普通選挙法公布	5五・三〇事件 7広東に国民政府成立 10北京特別関税会議開催 11郭松齢、張作霖に反旗	
1926		7蔣介石、北伐開始 9国民革命軍、漢口・漢陽占領 11国民革命軍、九江・南昌占領 12張作霖、安国軍総司令に就任	
1927(昭和2)		1国民革命軍、漢口・九江のイギリス租界を実力回収 2武漢国民政府成立	
	3金融恐慌	3第二次南京事件 4漢口日本租界で暴動 蔣介石、上海で反共クーデター 南京国民政府成立 5日本、第一次山東出兵	
	6田中内閣、東方会議開催	6張作霖、北京に軍政府を組織、陸海軍大元帥に就任 8蔣介石、下野 9南京・武漢両政府合同 11来日中の蔣介石、田中首相と会見	
1928	2最初の普通選挙実施		
		4北伐再開	

		第二次山東出兵	
		5 済南事件	
		6 張作霖爆殺事件 国民革命軍、北京入城（北伐完了）	
			8 パリ不戦条約調印
			10ソ連、第一次五カ年計画発表
		12東三省、易幟	
1929			10ニューヨーク株式大暴落（世界恐慌始まる）
	11金解禁		
1930		1 公使館付武官、上海に移駐（補佐官は北京駐在）	1 ロンドン海軍軍縮会議開催
	4 ロンドン海軍軍縮条約調印		
	10閣議、支那国を中華民国と呼称決定		
		12蔣介石、第一次掃共戦開始	
1931		3 第二次掃共戦開始	
		7 第三次掃共戦開始	
		9 柳条湖事件勃発（満洲事変始まる）	9 イギリス、金本位制停止
		11中国共産党、瑞金政府樹立	
1932		1 第一次上海事変	
		3 満洲国建国宣言	
	5 五・一五事件		
		7 第四次掃共戦開始	
		9 日本、満洲国を承認	
1933			1 ドイツにヒトラー政権誕生
	3 国際連盟脱退を通告		
		4 関東軍、関内進攻	
		5 塘沽停戦協定調印	
		6 行政院駐平政務整理委員会設立	

		10第五次掃共戦開始	10ドイツ、国際連盟脱退 11アメリカ、ソ連を承認
1934		3満洲国、帝制実施 6中国と満洲との間に通車合意成立 10中国紅軍、長征開始	
1935（昭和10）	10陸海外三相、廣田三原則を了解	5日中両国、公使を大使に昇格 6梅津・何應欽協定成立 『新生』の不敬記事、問題化 土肥原・秦徳純協定成立 11中国、幣制改革 冀東防共自治委員会成立（12冀東防共自治政府に改組） 12冀察政務委員会発足	3ドイツ、再軍備宣言
1936	2二・二六事件 8「国策の基準」決定 11日独防共協定調印	5蒙古軍政府成立 11綏遠事件 12西安事件	7スペイン内乱勃発
1937		7盧溝橋事件（支那事変始まる） 8第二次上海事変 中ソ不可侵条約調印 12南京陥落 北平に中華民国臨時政府成立	

1938	1「国民政府を対手とせず」と声明		
		3南京に中華民国維新政府成立	3独墺合邦
		5徐州占領	
	7張鼓峰事件		
		10漢口・広東占領	10ドイツ、ズデーテン併合
	11東亜新秩序声明		
		12汪兆銘、重慶脱出	
1939	5ノモンハン事件（～8）		
			8独ソ不可侵条約調印
			9第二次世界大戦勃発
1940	1日米通商条約失効		
		3汪兆銘政権、南京還都	
			6フランス、対独降伏
	9北部仏印進駐 日独伊三国同盟調印		
		11日華基本条約調印（汪兆銘政権承認）	
1941	4日ソ中立条約調印		
			6独ソ戦開始
	7南部仏印進駐 関東軍特種演習		
	12米英に宣戦布告（大東亜戦争始まる）		
1942	6ミッドウェー海戦		
	8ガダルカナルの戦い（～43.2）		
1943			9イタリア降伏

		10汪政権との間に日華同盟条約調印	
	11大東亜会議開催		11連合国首脳、カイロ会談
1944			6連合軍、ノルマンディー上陸
	7サイパン玉砕		
1945(昭和20)			2米英ソ首脳、ヤルタ会談
	4アメリカ軍、沖縄上陸		
			5ドイツ降伏 7連合国首脳、ポツダム会談
	8広島・長崎に原爆投下 ソ連、対日参戦 日本降伏		

表4　主な支那研究員（1922～1936年）

氏　名	陸士期別	陸大期別	派遣期間	主な駐在地
中野英光	24	32	1922. 7～24. 8	漢口
松室孝良	19	32	23. 4～25. 5	張家口、北京
及川源七	23	32	24. 6～26. 8	
松井源之助	22	33	24.12～26.12	
柴山兼四郎	24	34	25. 8～27. 7	
和知鷹二	26	34	25. 8～27. 7	
楠本実隆	24	33	25.12～27.10	
花谷正	26	34	25.12～28. 3	鄭州
根本博	23	34	26. 3～26. 5?	
竹下義晴	23	33	26.12～28.12	
大迫通貞	23	35	27. 2～28. 4	吉林
宮崎繁三郎	26	36	27. 7～29. 8	
田中隆吉	26	34	27. 7～29. 8	北京、張家口
大城戸三治	25	36	28.12～30.12	
影佐禎昭	26	35	29. 3～31. 3	鄭州、上海
園田晟之助	29	36	29. 8～31. 8	
今田新太郎	30	37	29. 8～32. 2	奉天
渡左近	27	38	29.12～31.12	
高橋坦	27	38	30. 3～32. 2	北京、鄭州、上海
石野芳男	28	38	31. 3～33. 2	南京、福州
森赳	28	39	31. 3～32. 2	
今井武夫	30	40	31.12～33. 7	
渡辺渡	30	39	32. 4～34. 3	北京、張家口、九江
佐方繁木	32	40	32. 4～34. 3	
宇都宮直賢	32	42	33. 8～35.12	上海、香港
晴気慶胤	35	43	34. 8～36. 7	九江
都甲徠	33	44	34.12～36. 6	北京、太原、長沙
岡田芳政	36	43	34.12～36. 6	北京、南京
大平秀雄	33	43	35. 3～36. 6	

出所：秦郁彦編『日本陸海軍総合事典』

表5　参謀本部支那課長（1916～1938年）

氏　名	在任期間	最終階級	主　要　職　歴
浜面又助　（4）[14]	1916. 5～17. 8	中将	参謀本部情報課長／関東軍参謀長、ハルビン機関長、第3師団長
本庄繁　（9）[19]	17. 8～19. 4	大将	上海武官／張作霖顧問、公使館付武官、第10師団長、関東軍司令官、軍事参議官、侍従武官長
高田豊樹　（7）[17]	19. 4～21. 6	中将	済南武官／支那駐屯軍司令官
日下操　（11）[21]	21. 6～23. 5	少将	済南武官／台湾守備隊司令官、奉天機関長
佐藤三郎　（14）[24]	23. 5～26. 3	中将	公使館付武官補佐官、上海武官／済南武官、公使館付武官、第2独立守備隊司令官
田代皖一郎（15）[25]	26. 3～30. 8	中将	公使館付武官補佐官、漢口武官／公使館付武官、第11師団長、支那駐屯軍司令官
重藤千秋　（18）[30]	30. 8～32. 1	中将	公使館付武官補佐宮、広東武官、支那班長、上海武官／台湾守備隊司令官
岩松義雄　（17）[30]	32. 1～32. 8	中将	支那班長、上海武官／南京武官、第15師団長、第1軍司令官、軍事参議官
酒井隆　（20）[28]	32. 8～34. 8	中将	漢口武官／支那駐屯軍参謀長、張家口機関長、興亜院蒙疆連絡部長官、第23軍司令官
喜多誠一　（19）[31]	34. 8～36. 3	大将	支那班長、南京武官／大使館付武官、北支那方面軍特務部長、興亜院華北連絡部長官、第14師団長、第6軍司令官、第1方面軍司令官

永津佐比重 (23)[32]	36. 4〜37. 8	中将	公使館付武官補佐官／華北臨時政府最高軍事顧問、第20師団長、支那派遣軍総参謀副長、第13軍司令官
影佐禎昭 (26)[35]	37. 8〜38. 6	中将	支那班長、上海武官／謀略課長、軍務課長、南京政府最高軍事顧問、第38師団長

注：(　) は陸士の期別、[　] は陸大の期別
　在任期間には課長代理の期間も含む。
　最終階級には戦死等による進級を含まない。
　主要職歴で、／より左は就任以前、／より右は離任後
出所：秦郁彦編『日本陸海軍総合事典』から作成
※以下、表５から表12まで、注および出所は同じである。

表６　参謀本部支那班長（1923〜1937年）

氏　名	在任期間	最終階級	主　要　職　歴
河本大作 (15)[26]	1923. 8〜24. 8	大佐	公使館付武官補佐官／関東軍高級参謀
岩松義雄 (17)[30]	24. 8〜25.12 27. 9〜28. 8	中将	／上海武官／支那課長、南京武官、第15師団長、第１軍司令官、軍事参議官
喜多誠一 (19)[31]	25.12〜26.10 28. 8〜29.12	大将	／南京武官、支那課長、大使館付武官、北支那方面軍特務部長、興亜院華北連絡部長官、第14師団長、第６軍司令官、第１方面軍司令官
重藤千秋 (18)[30]	26.10〜27. 9 29.12〜30. 8	中将	公使館付武官補佐官、広東武官／上海武官／支那課長、台湾守備隊司令官

根本博　(23)[34]	30. 8～32. 5	中将	南京武官／上海武官、新聞班長、北支那方面軍参謀副長、第24師団長、第3軍司令官、駐蒙軍司令官、北支那方面軍司令官
大城戸三治 (25)[36]	32. 5～33. 1	中将	／南京武官、北支那方面軍情報課長、第22師団長、北支那方面軍参謀長、憲兵司令官
柴山兼四郎 (24)[34]	33. 1～33. 5	中将	／公使館付武官補佐官、軍務課長、天津機関長、漢口機関長、第26師団長、南京政府最高軍事顧問、陸軍次官
影佐禎昭　(26)[35]	33. 7～34. 8	中将	／上海武官、支那課長、謀略課長、軍務課長、南京政府最高軍事顧問、第38師団長
楠本実隆　(24)[33]	34. 8～36. 8	中将	上海武官／上海武官、中支那派遣軍特務部総務課長、第57師団長、満洲国軍最高顧問
高橋坦　(27)[38]	36. 8～37.11	中将	南京武官、公使館付武官補佐官／朝鮮軍参謀長、南方軍総参謀副長、北支那方面軍参謀長

表7　中国公使館（大使館）付武官（1875～1937年）

氏　名	在任期間	最終階級	主　要　職　歴
福原和勝	1875. 2～76. 4	大佐	／別働第3旅団参謀長
梶山鼎介	80. 3～82. 7	中佐	／内務省地理局長、朝鮮公使
福島安正	83. 6～84.11	大将	／ドイツ公使館付武官、編纂課長、参謀本部第2部長、参謀次長、関東都督
小泉正保　(旧1)	86. 2～88. 5	中将	／第3軍参謀長、第8師団長
神尾光臣	92. 4～94. 8 95. 6～97.10	大将	／清国駐屯軍司令官、関東都督府参謀長、第9師団長、青島守備軍司令官

青木宣純　（旧3）	97.10～1900. 3 1901. 3～02. 4 03.11～04. 7 05. 1～13. 8	中将	／旅順要塞司令官、大総統府顧問
柴五郎　（旧3）	1900. 3～01. 3	大将	イギリス公使館付武官／イギリス大使館付武官、第12師団長、台湾軍司令官、軍事参議官
梶川重太郎（旧7）[7]	02. 4～02. 7	少佐	／（在任中死去）
山根武亮　（旧1）	02. 8～03.11	中将	清国駐屯軍司令官／第8師団長、近衛師団長
山本延身　（旧6）	04. 7～05. 1	少将	／歩兵第13旅団長
斎藤季治郎（旧11）[11]	13. 8～14. 8 16. 5～18.11	中将	／支那駐屯軍司令官／第11師団長
町田経宇　（旧9）[9]	14. 8～16. 5	大将	フランス大使館付武官／情報部長、第4師団長、樺太派遣軍司令官、軍事参議官
東乙彦　（4）[14]	18.11～22. 8	中将	イギリス大使館付武官／下関要塞司令官
林彌三吉　（8）[17]	22. 8～25. 5	中将	ドイツ大使館付武官補佐官、欧米課長、軍事課長／第4師団長、東京警備司令官
本庄繁　（9）[19]	25. 5～28. 2	大将	上海武官、支那課長、張作霖顧問／第10師団長、関東軍司令官、軍事参議官、侍従武官長
建川美次　（13）[21]	28. 3～29. 8	中将	欧米課長／情報部長、作戦部長、第4師団長
佐藤三郎　（14）[24]	29. 8～31. 8	中将	公使館付武官補佐官、上海武官、支那課長、済南武官／第2独立守備隊司令官
田代皖一郎　（15）[25]	31. 8～32. 2 32. 6～33. 8	中将	公使館付武官補佐官、漢口武官、支那課長／第11師団長、支那駐屯軍司令官

鈴木美通 (14)[23]	33. 8～35. 3	中将	吉林督軍顧問、奉天機関長／第19師団長
磯谷廉介 (16)[27]	35. 3～36. 6	中将	広東武官、補任課長、情報部長／軍務局長、第10師団長、関東軍参謀長、香港総督
喜多誠一 (19)[31]	36. 3～37. 8	大将	支那班長、南京武官、支那課長／北支那方面軍特務部長、興亜院華北連絡部長官、第14師団長、第6軍司令官、第1方面軍司令官

表8　中国公使館（大使館）付武官補佐官（1916～1937年）

氏　名	在任期間	最終階級	主　要　職　歴
佐藤三郎 (14)[24]	1916. 5～16.11	中将	／上海武官、支那課長、済南武官、公使館付武官、第2独立守備隊司令官
田代皖一郎 (15)[25]	16.11～18.12	中将	／漢口武官、支那課長、公使館付武官、第11師団長、支那駐屯軍司令官
小林角太郎 (16)[26]	18.12～19.12	中将	／上海武官、第4独立守備隊司令官
菊池門也 (18)[27]	19.12～21. 3	中将	／済南武官、支那駐屯軍参謀長、舞鶴要塞司令官
河本大作 (15)[26]	21. 3～23. 4	大佐	／支那班長、関東軍高級参謀
重藤千秋 (18)[30]	23. 4～24. 6	中将	／広東武官、支那班長、上海武官、支那課長、台湾守備隊司令官
板垣征四郎 (16)[28]	24. 6～26. 8	大将	／関東軍高級参謀、奉天機関長、関東軍参謀副長、関東軍参謀長、第5師団長、陸軍大臣、支那派遣軍総参謀長、朝鮮軍司令官

佐々木到一 (18)[29]	26. 8～27.12	中将	広東武官、兵要地誌班長／南京武官、満洲国軍最高顧問、第10師団長
原田熊吉 (22)[28]	27.12～29. 4	中将	／軍務局支那班長、南京武官、大使館付武官、中支那派遣軍特務部長、第35師団長、第16軍司令官
井上靖 (26)[33]	29. 4～29.12	少将	／太原機関長、基隆要塞司令官
鈴木貞一 (22)[29]	29.12～31. 1	中将	／軍務局支那班長、新聞班長、第3軍参謀長、興亜院政務部長、企画院総裁
永津佐比重 (23)[32]	31. 1～33. 5	中将	／支那課長、華北臨時政府最高軍事顧問、第20師団長、支那派遣軍総参謀副長、第13軍司令官
柴山兼四郎 (24)[34]	33. 5～34.12	中将	支那班長／軍務課長、天津機関長、漢口機関長、第26師団長、南京政府最高軍事顧問、陸軍次官
高橋坦 (27)[38]	34.12～35.12	中将	南京武官／支那班長、朝鮮軍参謀長、南方軍総参謀副長、北支那方面軍参謀長
今井武夫 (30)[40]	35.12～37.10	少将	／支那班長、支那課長、支那派遣軍総参謀副長

表9　上海駐在武官（1911～1937年）

氏　名	在任期間	最終階級	主　要　職　歴
本庄繁 (9)[19]	1911. 7～12.12	大将	／支那課長、張作霖顧問、公使館付武官、第10師団長、関東軍司令官、軍事参議官、侍従武官長
斎藤恒 (10)[19]	12.12～15.12	中将	／吉林督軍顧問、関東軍参謀長

松井石根	(9)[18]	15.12〜19. 2	大将	／ハルビン機関長、情報部長、第11師団長、軍事参議官、台湾軍司令官、上海派遣軍司令官
佐藤三郎	(14)[24]	19. 2〜21. 9	中将	公使館付武官補佐官／支那課長、済南武官、公使館付武官、第2独立守備隊司令官
小林角太郎	(16)[26]	21. 9〜23.12	中将	公使館付武官補佐官／第4独立守備隊司令官
岡村寧次	(16)[25]	23.12〜25.12	大将	／孫傳芳軍顧問、補任課長、関東軍参謀副長、情報部長、第2師団長、第11軍司令官、軍事参議官、北支那方面軍司令官、支那派遣軍総司令官
岩松義雄	(17)[30]	25.12〜27. 9	中将	支那班長／支那課長、南京武官、第15師団長、第1軍司令官、軍事参議官
重藤千秋	(18)[30]	27. 9〜29.12	中将	公使館付武官補佐官、広東武官、支那班長／支那課長、台湾守備隊司令官
田中隆吉	(26)[34]	30.10〜32. 8	少将	／兵務課長、第1軍参謀長、兵務局長
根本博	(23)[34]	32. 8〜33. 7	中将	南京武官、支那班長／新聞班長、北支那方面軍参謀副長、第24師団長、第3軍司令官、駐蒙軍司令官、北支那方面軍司令官
楠本実隆	(24)[33]	33. 7〜34. 8 36. 8〜37. 8	中将	／支那班長／中支那派遣軍特務部総務課長、第57師団長、満洲国軍最高顧問
影佐禎昭	(26)[35]	34. 8〜35. 8	中将	支那班長／支那課長、謀略課長、軍務課長、南京政府最高軍事顧問、第38師団長
大木良枝	(29)[38]	35. 8〜36. 3	少将	／第12軍高級参謀

表10　南京駐在武官（1911～1937年）

氏　名	在任期間	最終階級	主　要　職　歴
古川岩太郎（2）[14]	1911.11～13. 1	少将	／鎮海湾要塞司令官
多賀宗之　（4）	16. 6～17. 2	少将	福州武官／江蘇督軍顧問
永見俊徳　（21）[33]	24. 4～26. 5	中将	／漢口武官、支那駐屯軍参謀長、第55師団長
根本博　（23）[34]	26. 5～27. 9	中将	／支那班長、上海武官、新聞班長、北支那方面軍参謀副長、第24師団長、第3軍司令官、駐蒙軍司令官、北支那方面軍司令官
佐々木到一（18）[29]	27.12～29. 8	中将	広東武官、兵要地誌班長、公使館付武官補佐官／満洲国軍最高顧問、第10師団長
喜多誠一　（19）[31]	29.12～31. 8	大将	支那班長／支那課長、大使館付武官、北支那方面軍特務部長、興亜院華北連絡部長官、第14師団長、第6軍司令官、第1方面軍司令官
原田熊吉　（22）[28]	31. 8～32. 8	中将	公使館付武官補佐官、軍務局支那班長／大使館付武官、中支那派遣軍特務部長、第35師団長、第16軍司令官
岩松義雄　（17）[30]	32. 8～33.12	中将	支那班長、上海武官、支那課長／第15師団長、第1軍司令官、軍事参議官
高橋坦　（27）[38]	33.12～34.12	中将	／公使館付武官補佐官、支那班長、朝鮮軍参謀長、南方軍総参謀副長、北支那方面軍参謀長
雨宮巽　（26）[37]	34.12～37. 1	中将	／大本営報道部企画課長、北支那方面軍情報課長、天津機関長、第24師団長
大城戸三治（25）[36]	37. 1～37. 8	中将	支那班長／北支那方面軍情報課長、第22師団長、北支那方面軍参謀長、憲兵司令官

表11　広東駐在武官（1911～1937年）

氏　名	在任期間	最終階級	主　要　職　歴
細野辰雄　（5）[15]	1911.11～12. 4	少将	／歩兵第21旅団長
井上璞　（10）	12.　～13. 9	中将	／近衛歩兵第2旅団長
須田善澄　（12）[21]	13. 9～15. 8	中佐	?
井戸川辰三　（1）	16. 3～16.	中将	／近衛歩兵第2旅団長、第13師団長
依田四郎　（15）[27]	16.11～18. 7	少将	／満洲里機関長、歩兵第38旅団長
磯谷廉介　（16）[27]	20. 8～22. 8 25. 8～27.12	中将	／補任課長、情報部長、軍務局長、第10師団長、関東軍参謀長、香港総督
佐々木到一　（18）[29]	22. 8～24. 6	中将	／兵要地誌班長、公使館付武官補佐官、南京武官、満洲国軍最高顧問、第10師団長
重藤千秋　（18）[30]	24. 6～25. 8	中将	公使館付武官補佐官／支那班長、上海武官、支那課長、台湾守備隊司令官
牧野正三郎　（19）[31]	27.12～29.12	少将	／吉林機関長、千葉医大配属将校
二階堂泰治郎（21）[29]	29.12～32. 8	大佐	?
和知鷹二　（26）[34]	32. 8～34.12	中将	済南武官／太原機関長、蘭機関長、台湾軍参謀長、第14軍参謀長、南方軍総参謀副長
臼田寛三　（25）[37]	34.12～36. 8	大佐	／河南省機関長
宮崎繁三郎　（26）[36]	36. 8～37. 8	中将	／香港武官、広東機関長、上海機関長、第54師団長

表12　奉天特務機関長（1920～1937年）

氏　名	在任期間	最終階級	主　要　職　歴
貴志彌次郎（6）[18]	1920. 5～24. 8	中将	済南武官／下関要塞司令官
菊池武夫　（7）[18]	24. 8～26. 3	中将	北京駐屯歩兵隊長、張作霖顧問／
日下操　（11）[21]	26. 3～27.10	少将	済南武官、支那課長、台湾守備隊司令官／
秦真次　（12）[21]	27.10～29. 8	中将	オーストリア大使館付武官補佐官、オランダ公使館付武官、新聞班長／憲兵司令官、第2師団長
鈴木美通　（14）[23]	29. 8～31. 8	中将	吉林督軍顧問／公使館付武官、第19師団長
土肥原賢二（16）[24]	31. 8～32. 1 33.10～36. 3	大将	坂西機関補佐官、奉天督軍顧問／第14師団長、土肥原機関長、第5軍司令官、陸士校長、航空総監、東部軍司令官、第7方面軍司令官、教育総監
板垣征四郎（16）[28]	32. 8～33. 2	大将	公使館付武官補佐官、関東軍高級参謀／関東軍参謀長、第5師団長、陸軍大臣、支那派遣軍総参謀長、朝鮮軍司令官
三浦敏事　（19）[29]	36. 3～37. 8	中将	漢口武官／第2独立守備隊司令官
塩澤清宣　（26）[37]	37. 8～37.12	中将	関東軍憲兵隊警備課長／中支那派遣軍特務部建設課長、興亜院華北連絡部次長、第119師団長

参照文献

陸軍の組織・人事

秦郁彦編『日本陸海軍総合事典』(東京大学出版会、一九九一年)
外山操『陸海軍将官人事総覧　陸軍篇』(芙蓉書房、一九八一年)
有賀傳『日本陸海軍の情報機構とその活動』(近代文藝社、一九九四年)
熊谷光久『日本軍の人的制度と問題点の研究』(国書刊行会、一九九四年)

陸軍支那通の研究

北岡伸一「支那課官僚の役割」『年報・政治学――近代化過程における政軍関係』(岩波書店、一九九〇年)
阪谷芳直「五十年前の一枚の葉書から――柳条溝事件の主役の一人・今田新太郎のことなど」『みすず』三〇五号(一九八六年四月)
佐々博雄「多賀宗之と中国大陸」『国士舘史学』二号(一九九四年七月)
翟新「荒尾精の中国観」『法学政治学論究』二九号(一九九六年六月)
戸部良一「影佐禎昭」井上ひさし・大岡信・三好徹ほか『百年の日本人　その一』(読売新聞社、一九八五年)
戸部良一「陸軍「支那通」の転向――佐々木到一の場合」『防衛大学校紀要』六三輯(一九九一年三月)

戸部良一「陸軍「支那通」と中国国民党――国民政府否認論の源流」『防衛大学校紀要』六八輯（一九九四年三月）
秦郁彦「影佐禎昭と辻政信」竹内好・橋川文三編『近代日本と中国　下』（朝日新聞社、一九七四年）
波多野澄雄「日本陸軍の中国認識」井上清・衛藤瀋吉編『日中戦争と日中関係』（原書房、一九八八年）
藤原彰「青木宣純と佐々木到一」竹内好・橋川文三『近代日本と中国　上』（朝日新聞社、一九七四年）
山根幸夫『近代中国のなかの日本人』（研文出版、一九九四年）
山本四郎「寺内内閣時代の日中関係の一面――西原亀三と坂西利八郎」『史林』六四巻一号（一九八一年一月）

陸軍支那通の伝記

佐藤垢石『青木宣純』（墨水書房、一九四三年）
板垣征四郎刊行会編『秘録板垣征四郎』（芙蓉書房、一九七二年）
舩木繁『支那派遣軍総司令官岡村寧次大将』（河出書房新社、一九八四年）
人間影佐禎昭出版世話人会編『人間影佐禎昭』（非売品、一九八〇年）
平野零児『満州の陰謀者――河本大作の運命的な足あと』（自由国民社、一九六一年）
村上兵衛『守城の人――明治人柴五郎大将の生涯』（光人社、一九九二年）
田中稔「父のことども」『田中隆吉著作集』（私家版、一九七九年）所収
土肥原賢二刊行会編『秘録　土肥原賢二』（芙蓉書房、一九七二年）
中田実「根本博中将回想録」『軍事史学』三巻三号（一九六七年一一月）
林政春『陸軍大将本庄繁』（青州会陸軍大将本庄繁伝記刊行会、一九六七年）

中国刊行会編『中国』（私家版、一九六七年）
尾崎秀樹『評伝山中峯太郎　夢いまだ成らず』（中公文庫、一九九五年）
黒龍会編『東亜先覚志士記伝　上巻』（一九三三年、復刻版・原書房、一九六六年）
対支功労者伝記編纂会編『対支回顧録　下巻』（対支功労者伝記編纂会、一九三六年）
東亜同文会編『続対支回顧録　下巻』（一九四一年、復刻版・原書房、一九七三年）

陸軍支那通の著作・回想録

青木宣純『支那軍事改良意見』（防衛研究所戦史研究センター蔵）
雨宮巽「私の見た支那」『陸軍画報』一九三七年一一月号別冊付録
磯谷廉介『対支管見』（日本貿易協会、一九三六年三月）
磯谷廉介「在支雑感」『経済倶楽部講演』（一九三六年九月）
今井武夫『支那事変の回想』（みすず書房、一九六四年）
楠本実隆「最近の支那事情」『偕行社特報』一九三五年一二月
河本大作「私が張作霖を殺した」『文藝春秋』一九五四年一二月号
「河本大作供述調書」『This is 読売』一九九七年一一月号
佐々木到一「支那改造の根本問題」『外交時報』一九二五年九月一五日号
佐々木凡禅（佐々木到一のペンネーム）『曙光の支那』（偕行社、一九二六年）
佐々木到一『中国国民党の歴史と其解剖』（東亜同文会調査編纂部、一九二六年）
佐々木到一『支那陸軍改造論』（行地社出版部、一九二七年）
佐々木到一『南方革命勢力の実相と其の批判』（北京・極東新信社、一九二七年）

高山謙介（佐々木到一のペンネーム）『武漢乎南京乎』（行地社、一九二七年）
佐々木到一『支那陸軍改造論』増補版（東亜経済調査局、一九三〇年）
佐々木到一『支那内争戦従軍記』（豊文堂出版部、一九三一年）
佐々木到一『私は支那を斬く見る』（満洲雑誌社、一九四二年）
佐々木到一『ある軍人の自伝』（増補版、勁草書房、一九六七年）
専田盛寿「親日華北政権樹立の夢崩る！　土肥原工作の失敗」『別冊知性――秘められた昭和史』一九五六年一二月号
高橋坦「梅津・何応欽協定の内側で」同右
多賀宗之「支那は統一するや否や」『偕行社記事』一九二七年二月号
田中隆吉「上海事変はこうして起された」『別冊知性――秘められた昭和史』前掲
天歩生「民族性より見たる支那漫談」『偕行社記事』一九三二年九月号、一〇月号、一九三三年三月号～八月号
永津佐比重「支那社会及民族性観」『偕行社記事』一九二八年一月号
坂西利八郎「中華民国談」『大日本国防義会々報』八八号（一九二五年一一月）
坂西利八郎「民国の現状と日華の将来」『帝国の対支外交政策一件』第二巻（外交史料館蔵）
吉見正任編『隣邦を語る――坂西将軍講演集』（坂西将軍講演集刊行会、一九三三年）
町野武馬「張作霖爆死の前後」『中央公論』一九四九年九月号
松井忠雄『内蒙三国志』（原書房、一九六六年）
森克己『満洲事変の裏面史』（国書刊行会、一九七六年）
山中峯太郎『実録アジアの曙』（文藝春秋新社、一九六二年）
読売新聞社編『昭和史の天皇』15・16（読売新聞社、一九七一年）

陸軍支那通に関する史料

『佐々木到一少将史料』(防衛研究所戦史研究センター蔵)
「満洲建国と皇国の使命」「新軍建設の指導精神」「憲兵隊の建設」「満洲統治ノ深憂(続々篇)」「満軍整備と之に関する軍事政策上に於ける重大認識に就て」「対満洲国政治指導に関する所感」「離任に際する状況報告並に引継」
『佐々木到一資料』(個人蔵)
「南満北支出張中の備忘」「済南事件秘史」「遭難後記」「蔣介石は如何に小官を待遇した乎」「国防上の見地より支那を如何に見るべき乎」「日系軍官の整備並に其指導要領」「中央集権と地方分権」「新京第一観」
伊藤隆ほか編『本庄繁日記 1』(山川出版社、一九八二年)
山口利明「史料紹介・浜面又助文書——中国第三革命と参謀本部」『年報・近代日本研究』二号(一九八〇年一一月)
山本四郎編『坂西利八郎書翰・報告集』(刀水書房、一九八九年)

陸軍支那通周辺の人々の回想・史料

飯田泰三「吉野作造の留学時代」『吉野作造選集13(日記一)』(岩波書店、一九九六年)
池田純久『日本の曲り角』(千城出版、一九六八年)
上原勇作関係文書研究会編『上原勇作関係文書』(東京大学出版会、一九七六年)
宇垣一成文書研究会編『宇垣一成関係文書』(芙蓉書房、一九九五年)

梅津美治郎刊行会・上法快男編『最後の参謀総長　梅津美治郎』（芙蓉書房、一九七六年）
夏文運『黄塵万丈』（現代書房、一九六七年）
木戸日記研究会・日本近代史料研究会編『鈴木貞一氏談話速記録』上下（日本近代史料研究会、一九七四年）
小磯國昭『葛山鴻爪』（丸ノ内出版、一九六八年）
斎藤瀏「済南血塵録」『偕行社記事』一九三〇年一一月号
菅原節雄「陸軍の興亜中堅男」『文藝春秋　現地報告』（臨時増刊一七号、一九三九年二月）
角田順編『石原莞爾資料——国防論策篇』増補版（原書房、一九七一年）
角田順校訂『宇垣一成日記　1』（みすず書房、一九六八年）
中野雅夫『三人の放火者』（筑摩書房、一九五六年）
広瀬順晧・櫻井良樹ほか編『伊集院彦吉関係文書　第一巻』（芙蓉書房、一九九六年）
松本健一・高橋正衛解説『北一輝著作集　第三巻』（みすず書房、一九七六年）
守島康彦編『昭和の動乱と守島伍郎の生涯』（葦書房、一九八五年）
森島守人『陰謀・暗殺・軍刀』（岩波新書、一九五〇年）
森島守人「対華謀略工作の一こま」『日本評論』一九五〇年一一月号
オーウェン・ラティモア（磯野富士子編訳）『中国と私』（みすず書房、一九九二年）

その他の史料

外務省編『日本外交年表竝主要文書』上下（原書房、一九六六年）
外務省編『日本外交文書・昭和期Ⅰ』第一部第一巻・第二巻（外務省、一九八九、九〇年）

稲葉正夫・島田俊彦ほか解説『現代史資料 日中戦争』1、4（みすず書房、一九六四年、一九六五年）
稲葉正夫解説『現代史資料 大本営』（みすず書房、一九六七年）
稲葉正夫解説「第二次奉直戦関係資料」『軍事史学』三巻四号、四巻一号（一九六八年二月、五月）
南里知樹編『近代日中関係史料 第Ⅱ集』（龍溪書舎、一九七六年）
参謀本部『支那時局報綴』（防衛研究所戦史研究センター蔵）
陸軍省調査班『中国国民党の輪郭』（一九三三年六月）
第二四駆逐隊『南京事件警備記録』（防衛研究所図書館蔵）
中支被難者連合会編『南京漢口事件真相――揚子江流域邦人遭難実記』（岡田日栄堂、一九二七年）
内山光市編『済南事件実記』（山東協会済南支部、一九二八年）
「済南事件邦人惨殺状況」『済南事件在留邦人被害関係』（外交史料館蔵）
『陸軍省密大日記』（防衛研究所戦史研究センター蔵）
『帝国の対支外交政策一件』第四巻、第七巻、第八巻、第一八巻（外交史料館蔵）
『支那事変関係一件』第一八巻（外交史料館蔵）

関連研究

臼井勝美『日中外交史――北伐の時代』（塙書房、一九七一年）
臼井勝美『日本と中国――大正時代』（原書房、一九七二年）
臼井勝美『日中外交史研究――昭和前期』（吉川弘文館、一九九八年）
内田尚孝「熱河をめぐる日中関係」『神戸大学史学年報』一一号（一九九六年五月）
楳本捨三『日本の謀略』（秀英書房、一九八〇年）

ＮＨＫ取材班・臼井勝美『張学良の昭和史最後の証言』（角川書店、一九九一年）
汪向栄（竹内実監訳）『清国お雇い日本人』（朝日新聞社、一九九一年）
刈田徹『昭和初期政治・外交史研究』（人間の科学社、一九七八年）
川島真「「支那」「支那国」「支那共和国」――日本外務省の対中呼称政策」『中国研究月報』九五巻九号（一九九五年九月）
岸野博光「南京事件と漢口事件」『軍事史学』四巻一号（一九六八年五月）
北岡伸一『日本陸軍と大陸政策』（東京大学出版会、一九七八年）
栗田尚弥『上海東亜同文書院』（新人物往来社、一九九三年）
栗原健編『対満蒙政策史の一面』（原書房、一九六六年）
小林一美「明治期日本参謀本部の対外諜報活動」滕維藻・小林一美ほか編『東アジア世界史探究』（汲古書院、一九八六年）
小林元裕「天津事件再考」『日本植民地研究』八号（一九九六年七月）
斎藤聖二「寺内内閣と西原亀三」『国際政治』七五号（一九八三年一〇月）
斎藤聖二「寺内内閣における援段政策確立の経緯」『国際政治』八三号（一九八六年一〇月）
佐藤三郎『近代日中交渉史の研究』（吉川弘文館、一九八四年）
佐藤元英『昭和初期対中国政策の研究』（原書房、一九九二年）
邵建国「「済南事件」交渉と蒋介石」『国際政治』一〇四号（一九九三年一〇月）
宋志勇「終戦前後における中国の対日政策――戦争犯罪裁判を中心に」『史苑』五四巻一号（一九九三年一二月）
曽村保信『近代史研究――日本と中国』（小峯書店、一九七七年）
太平洋戦争研究会『図説　満州帝国』（河出書房新社、一九九六年）

高橋久志「日華事変初期に於ける陸軍中枢部」『年報・近代日本研究』七（一九八五年一〇月）
ジェローム・チェン（守川正道訳）『袁世凱と近代中国』（岩波書店、一九八〇年）
ジェローム・チェン（北村稔ほか訳）『軍紳政権――軍閥支配下の中国』（岩波書店、一九八四年）
戸部良一『ピース・フィーラー――支那事変和平工作の群像』（論創社、一九九一年）
戸部良一「対中和平工作　一九四二―一九四五」『国際政治』一〇九号（一九九五年五月）
秦郁彦『南京事件――「虐殺」の構造』（中央公論社、一九八六年）
波多野澄雄「一九三五年の華北問題と上海武官」大久保利謙・岩倉規夫編『近代文書学の展開』（柏書房、一九八二年）
波多野勝「中国第二革命と日本の反応」『国際政治』八七号（一九八八年三月）
波多野善大『中国近代軍閥の研究』（河出書房新社、一九七三年）
服部龍二「張作霖爆殺事件における関東軍上層部」『六甲台論集』四三巻二号（一九九六年一一月）
服部龍二「済南事件の経緯と原因」『軍事史学』三四巻二号（一九九八年九月）
馬場明『日中関係と外政機構の研究』（原書房、一九八三年）
馬場明『日露戦争後の日中関係』（原書房、一九九三年）
林正和「張作霖軍閥の形成過程と日本の対応」『国際政治』四一号（一九七〇年四月）
坂野潤治『近代日本の外交と政治』（研文出版、一九八五年）
藤井昇三「一九二〇年安直戦争をめぐる日中関係の一考察」『国際政治（日本外交史研究――日中関係の展開）』（一九六一年三月）
古野直也『天津軍司令部』（国書刊行会、一九八九年）
防衛庁防衛研修所戦史室『戦史叢書　支那事変陸軍作戦２』（朝雲新聞社、一九六七年）
堀井弘一郎「中華民国維新政府の成立過程」『中国研究月報』四九巻四号・五号（一九九五年四月・五月）

松崎昭一「支那駐屯軍増強問題　上」『國學院雑誌』九六巻二号（一九九五年二月）
松崎昭一「再考「梅津・何応欽協定」」軍事史学会編『日中戦争の諸相』（錦正社、一九九七年）
丸山静雄『失われたる記録――対華・南方政略秘史』（後楽書房、一九五〇年）
満洲国軍刊行委員会編『満洲国軍』（蘭星会、一九七〇年）
水野明『東北軍閥政権の研究』（国書刊行会、一九九四年）
森久男「関東軍の内蒙工作と蒙疆政権の成立」『岩波講座　近代日本と植民地　1』（岩波書店、一九九二年）
横山宏章『孫文と袁世凱』（岩波書店、一九九六年）
劉傑「昭和十三～四年の新中央政権構想――「呉佩孚工作」を中心に」『年報・近代日本研究』一一（一九八九年一一月）
渡邊龍策『近代日中政治交渉史』（雄山閣、一九七八年）
邵銘煌「蕭振瀛工作――何應欽在抗戦初期的謀和触角」（紀念七七抗戦六十週年学術討論会、一九九七年）
Joshua A. Fogel, *The Cultural Dimension of Sino-Japanese Relations* (Armonk, New York : M. E. Sharpe, 1995)
Gavan McCormack, *Chang Tso-lin in Northeast China, 1911-1928 : China, Japan, and the Manchurian Idea* (Stanford University Press, 1977)

あとがき

陸軍支那通を研究するきっかけは、一〇年ほど前、支那事変の和平工作を本(『ピース・フィーラー』論創社)にまとめたとき、そこに多くの支那通軍人たちが関わっている事実に気がついたことにある。それ以来、陸軍支那通にはそれなりに関心を持ちつづけていたのだが、その後、勤務先の図書館で何とはなしに書庫をのぞいているときに、偶然、数冊の佐々木到一の著書と出会った。若いときに読んだ彼の自伝をあらためて読み直し、図書館で見つけた彼の著作と読み合わせてみると、それまで支那通に抱いていたイメージとかなり異なるイメージが浮かび上がってきた。

それから佐々木が著わした他の著作を集めたり、彼の中国論と比較するために他の支那通の書いたものを読んだりしながら、そもそも支那通とはどのようにして養成されたのか、彼らはなぜ支那通になろうとしたのか、中国の変革を彼らはどのようにとらえたのか、といったことなどを考えるようになった。そうした問題意識に基づいて紀要に発表したものを下地に、佐々木到一を核として明治以来の陸軍支那通の軌跡をたどったのが、本書である。

むろん陸軍支那通に関する本書の考察がすべて筆者の独創であるはずはない。参照文献のリストにその一端が示されているように、本書は先行研究に多くを負っている。なかでも、筆者と同年代の北岡伸一氏と波多野澄雄氏の研究から刺戟を受けたことが、本書執筆の重要な糧となっている。

また、和平工作の研究をまとめたときと同様、今回も松崎昭一氏のジャーナリストとしての視点から多くのことを学んだ。史料に関しては、高橋久志氏、影山好一郎氏、柴田紳一氏、服部龍二氏のご協力を得た。記して謝意を表したい。いま筆者は、三年前に発足した防衛大学校総合安全保障研究科で、幹部自衛官たる研究科学生の研究指導にあたっている。軍人の発想や思考様式をイメージする際には、彼ら学生に身近に接していることが、少なくとも間接的には役立っているだろう。

本来、本書はもっと早く完成するはずであった。筆者の個人的な都合のために計画よりも大幅に遅れ、その間、担当者も三人目となってしまった。その三人目の担当者、山崎比呂志氏は、根気強く原稿の仕上がるのを待ってくれただけでなく、ときどき会って筆者の構想の良き聞き役を務めてくれた。彼の適切な指摘が、本書の方向づけに重要な役割を果たした場合もある。本が著者一人の手になるものではなく、ときに共同作業、チーム・プレーの産物でもあることを、あらためてかみしめているところである。

本書の構想段階から完成に至るまで、筆者は大事な人を喪った。和平工作の研究をまとめたあと一時虚脱状態にあった筆者を、次はどんなことを研究するんだ、と発破をかけつつ励ましてくださった高坂正堯先生は、三年前に逝かれた。日中関係史について、中国人の立場から厳しく教えてくださった蔡徳金先生は、今年北京にお見舞いに伺った直後に亡くなられた。ある研究会で筆者が佐々木到一について研究報告したとき、佐々木が中国に裏切られたというのは、中国が「他者」であるという認識に欠けていたからだ、と指摘してくださった江藤淳先生は、今夏、自裁された。この三人の先生に、本書を捧げたいと思う。

平成一一年一二月

戸部良一

文庫版へのあとがき

本書を読んでくれた人から、著者としては、やや意外な感想をもらったことがある。それも一人や二人からではない。最も強く印象づけられたのは、本文ではなくて、「あとがき」だというのである。本書の主人公佐々木到一は中国が「他者」であるという認識に欠けていたのではないか、と今は亡き文芸評論家の江藤淳氏が指摘したことを私は紹介したのだが、その江藤氏の指摘が少なからぬ読者にとっては印象的だったようなのである。

私は本書で、日本の軍人、それも中国問題を専門とする陸軍軍人たちの行動を通して、明治初期から大東亜戦争までの日中関係のありようを描こうとした。彼ら陸軍支那通のなかで、特に注目すべき人物として取り上げたのが佐々木到一である。佐々木到一は、陸軍支那通としては最も熱烈に中国革命に共感を寄せながら、後には最も強く中国を批判するようになった。

陸軍支那通の多くは、佐々木のように、生の中国を現場で体験しつつ研究することによって深く理解し、その成果を自らの職務の実践に生かそうとした。その過程で佐々木は、研究と理解の対象である中国を自らと一体化してしまう。彼にとって中国は「他者」ではなくなる。中国に、しばしば自分の（あるいは自国の）価値観や理想を投影する。中国は、佐々木が是とする行動を当然とるべきはずであり、佐々木にとっての（日本にとっての）正義や利益は中国にとっても正義であり利益である、と考えるようになる。そして、中国がそのような行動をとらなかったとき、中国の行動が佐々木の考える日本の正義や利益と食い違ったとき、佐々木は強い失望と幻滅にとらわれてしまったのであった。佐々木にとって中国が他者であったならば、そして彼が軍人でなかったならば、彼の幻滅はそれほど深くならずに済んだのかもしれない。

佐々木到一を含む日本人の中国認識に、実体とのズレが生じたのは、中国が少なくとも名目的には統一を成し遂げ、列国との対等関係をやや強引に主張しつつあったころである。それは、昨今の中国が、政治的にも軍事的にも、そして経済的にも日本を凌駕し（アメリカに並ぶ）大国たらんとしている状況と、一部似ているところがあるように思われる。その意味で、佐々木の幻滅から、あるいは他者認識の欠如から、いまわれわれが学ぶべき点も少なくはないだろう。

なお、本書は昨年、金昌吉氏の翻訳によって中国語版が刊行された（『日本陸軍与中国——「支那通」折射的夢想和挫折』社会科学文献出版社）。この文庫版刊行にあたっては、平野洋子さんから編集上のアドバイスをいただき、五百籏頭真氏に解説をご執筆いただいた。記して謝意を表したい。また、加筆や修正をひかえ、事実の間違いや誤字の訂正だけにとどめたことを付記しておきたい。

平成二八年五月

戸部良一

解説　もっとも詳しく知る者が決定的に誤る逆説

五百旗頭 真

本書の著者戸部良一氏は、戦前期の日本を研究する実証的歴史家である。精緻にしてバランスのとれた氏の研究は、学界と読者の篤い信頼を集めている。

一般に、史家にも二つのタイプがある。一方は、原資料にもとづく実証を重視し、過去の歴史のあったままを再生することに情熱を注ぐタイプである。他方は、史家自身の視角や現在の問題意識を優越させ、それを過去に投影し、新たな視角で過去を読み解こうとするタイプである。

対照的な二極に見えて、実はどの歴史家にも存在する二要素である。前者一辺倒に傾けば、史料をホッチキスで綴じたような退屈な事実記述の山に陥りかねない。確かな実証を通して、歴史にひそむ大小の水脈を読み取る洞察力なしによき記述は生れない。他方、後者に傾き過ぎれば、言いたいことは分るが、その時代の歴史としては粗すぎ一面的すぎるということになる。その時代への内在的理解を欠いては、風雪に耐える史論とはならない。

戸部氏の場合、外交文書や戦史資料を縦横に読みこなす実証史家であることは誰もが認める通りである。ただ特徴的なのは、詳細な事実の発掘に情熱を注ぐというよりも、大局的な全体像を常に意識し、その中に大小の事象を意味づける記述が優越している。それゆえ読みやすく、読むうちに引き込まれる。そして、かなり鮮明な問題意識によってテーマが選ばれ、論じられている。この度、氏の作品をいくつか読み返してみて、そう感じた。氏の諸研究を、よく出来た実証的な歴史記述として読むだけでなく、史論の展開として読む必要を再認識した。

戸部氏が京都大学法学部に入学する少し前に、政治学の泰斗、猪木正道教授がそれまでのドイツやロシアの革命史、あるいは独裁の政治思想の講義から転じて、新たに日本政治外交史の講義を開始した。それは、大正期から昭和戦前期の政治プロセスを生き生きとダイナミックに語りつつ、軍部支配を厳しく批判するものであった。戸部氏が日中戦争期を研究テーマとするに至ったのは、その影響ではないかと想像するが、猪木教授は一九七〇年に京都大学を去り、防衛大学校長となった。その後、学部・大学院時代を通じて氏は高坂正堯教授に師事したが、国際政治と外交政策を専門とする教授は、実証的外交史に敬意を表し、その話を聞くことを好んだ。猪木・高坂両教授とも、教え子の指導に際しては現場に赴き原資料にあたる実証の基本的重要性を強調したが、それでいて実証を通しての解釈と意味づけこそ、歴史研究者に最重要であるとの観点が鮮明であった。

一九七六年に京都大学大学院博士課程を終えて、戸部氏は防衛大学校に赴任した。幹部自衛官を養成する防大において、戦前の軍部の時代の政治外交史を講ずることになった。世の中には防大教育が戦前の陸軍に親和的な立場に傾くのではないかと邪推する向きもあるが、そうではない。防大を中心にした戸部氏を含む六名の教授による共同研究は一九八四年に『失敗の本質』と題して発刊され、ロングセラーとなったが、それはノモンハンから沖縄戦に至る六つの戦場で日本軍はなぜ誤ったかを組織論的・学術的に分析するものであった。戦前の失敗を冷静に分析し、そこから教訓を学んで、戦後の日本が過去を克服することを期する共同研究であり、戸部氏はその歴史実証面を主に担ったことであろう。

以上のような環境に身を置いてきた戸部氏は、それまでの『ピース・フィーラー』やその他の論文に加えて、五〇歳になる頃から独創的な三つの著作を生み出すに至る。『逆説の軍隊』(一九九八年)、本書『日本陸軍と中国——「支那通」にみる夢と蹉跌』(一九九九年)、および『外務省革新派』(二〇一〇年)である。これら三つの名著は、いずれも日本帝国の戦争への没入と、昭和二〇年の日本帝国の滅亡をもたらした主要なアクターを追跡する研究である。

『逆説の軍隊』は、「戦争という人間の行為のなかで最も非合理的な行為を実践する、最も合理的な組織である」といわれる軍隊が、戦前日本の場合、なぜ、どこからファナティックな組織に転じたのかを検証する作品である。二〇世紀を迎える北清事変（義和団の乱）の際には、日本軍の規律は国際的に模範と見られさえしたというのに。『外務省革新派』は、ワシントン体制下、親米派の幣原外交が一九二〇年代に君臨したのに対し、アジア主義的な要素を含み込む重光葵、広田弘毅、有田八郎らが満州事変以後には中心的役割を果すようになった。が、それにもあき足りず、白鳥敏夫をリーダーに揚げて親独伊的・親陸軍的に徹底した外交刷新と新秩序を主張する革新派が、外務省を揺さぶった。「革新派」の役割と帰結を、第一次大戦後のパリ講和会議から第二次大戦後に至るまでたどった作品である。軍部だけが日本を戦争の時代へと引き廻したわけではない。軍部の被害者とみなされがちな外務省の内部もかくの如くであった。

さて、陸軍「支那通」を論ずる本書である。先に述べたように、戸部氏は『逆説の軍隊』において、非合理的なファナティシズムに大きく傾斜した日本陸軍の問題性を十全に論じた。その上に、なぜ陸軍「支那通」を取り上げねばならなかったのか。私の理解を述べれば次の通りである。

日本帝国はなぜ滅亡せねばならなかったのか。それは世界を敵とする戦争にのめり込んだからであるが、端的にいえば、アメリカに敗れた。どうして太平洋の彼方の巨大国と戦争などやらかしたのか。再び端的にいえば、中国と抜き差しならない戦争に深入りしたからである。対中関係の破綻が、日本を対米戦争に導いた。では、なぜ日本は中国との果てしない戦争に陥ったのか。一九世紀なかばのアヘン戦争以後衰退し、乱れに乱れる中国（清朝）への認識を誤ったからである。同じ時期、日本は非西洋社会の中で機敏に近代化に成功し、西洋列強と肩を並べてやって行ける国に急浮上した。その自負心をもって沈む中国を見る時、どのような認識が生れるのか。誰が対中認識をリードするのか。対中認識の先端部分を担い、結局は陸軍全体と、さらには日本全体を大きく動かすことになったのが、陸軍「支那通」と称される人々である。

本書は、日本陸軍が清朝末期から辛亥革命を経て、一九三〇年代まで中国内政に深入りして行くプロセスを、的確・鮮明に描き出す。その内容は本書をお読みいただくとして、いくつか注目される点を指摘したい。

まず、彼らの中国認識の構成要因である。第一には、清朝末期以降の乱れを見て、中国人には自国を統治する能力なし、と断ずる。瞬間風速的事態とは考えず、不変の国民性であるかのように決め込む。第二に、乱れる中国に対し日本が距離を保ち、自制することをよしとしない。日本が統治の労をとってやるべきだと思い入れる。それには中国への一方的な情愛と支配意志が混在する。第三に、西洋列強のアジア進出に対し、「東亜保全」を至上命題とし、それにより中国内政への関与を動機づける。第四に、中国が以上を理解せず、日本に背を向ける時、日本は断乎として力を行使してでも従わせねばならない。中国人は、増長傲慢になりやすいので、力を見せつける必要があるとし、中国の軍事的併吞すら視野に入れた。

初期の有力な支那通であった青木宣純は、日露戦争時に袁世凱の軍事顧問となっており、ロシアの極東進出に対し日清共同で情報活動と破壊工作を行うことにつき同意を得た。その後、清朝滅亡後に至るまで政局をリードしたのは袁世凱であったが、その軍事顧問として圧倒的な立場を築いたのが、坂西利八郎であった。なかなかの器量人であり、袁の没落後は段祺瑞にも厚く信頼され、西原借款を推進した。こうした中心人物だけでなく、中国各地の大小軍閥のほとんどすべてに、日本陸軍「支那通」が顧問などとしてはりついた。その情報収拾力は外務省の及びもつかないほどのものとなった。のみならず影響力行使や様々な政治工作も可能となった。ただ、それは一方向ではなく、中国側も日本を操作できることを意味し、画策しているつもりが実は踊らされていたことも少なくないとしている。

軍閥割拠の抗争に連動する日本陸軍の支那通という構図では、将来を誤ることになると認識したのが、本書の中心人物である佐々木到一であった。彼は孫文と知り合い、その新しい時代の思想と人物に共感した。南方の三民主義に立つ運動は、軍閥抗争を超える新しい中国の大義とナショナリズムを体現しており、日本はこれを理解し支援すべきだと主張した。

蔣介石が共産党を排除したうえ、一九二八年に北伐を再開した時、佐々木は従軍を申し入れて許可された。しかし中国の革命気運の高まりは、日本帝国主義への敵意をも高めた。北伐に対し、田中義一内閣は二度目の山東出兵を行って、日本権益と居留民を守ろうとした。済南で日中両軍が衝突し、佐々木はその中で集団暴行にあい、リンチの中で生死の際をさまよう事態となった。これが、日本陸軍の中で、支那通の中で、誰よりも国民革命にあたたかい理解を示した者への答礼か。「今にみよ」。佐々木は信義を裏切った者に天譴を下さねばならぬ、と報復を自らに許した。暴慢の中国に対し、日本は自制し、引くべきだと説く者は、陸軍内に見当らなかった。

隣国中国との距離のとり方は難しい。

東京裁判のため巣鴨に収監された重光葵は、戦前の歴史を振り返り、日本は大陸の権益について、「着実に行詰る」他はなかった、と悔悟を口にした。軍事力をもって中国ナショナリズムを破壊しようとすべきではなかった。正しい回顧かもしれないが、現役時代の彼は陸軍「支那通」と日本国民をその線で説得することはできなかった。粗暴さを伴う隣国のナショナリズムを認めることができず、終りのない大陸での戦争にのめりこみ、「ABCD」と呼ばれた日本包囲網に対し、それら諸国すべてとの戦争に踏み切り、ついに昭和二〇年の帝国の滅亡に至る一つの脈絡がそこにあろう。

戦後も中国認識は難しい。国交回復後、日中友好がナイーブに謳われた時期もあったが長くは続かない。共通利益にもとづく相互関係や戦略的互恵関係といった妥当な提案がなされたこともあるが、安定しない。そして今や軍事的・経済的に強者となった中国が、尖閣諸島や南シナ海の支配権を求めて行動する局面に至っている。戦前・戦後を通じて、われわれは全うな中国認識をつかみ切れずにいるのかもしれない。であるとすれば、戦前の夢とその蹉跌を、今一度かみしめてよいのではないか。

著者は本書の「あとがき」に、中国認識を「支那通」が誤ったのは、中国が「他者」であるとの認識を彼らが欠いたからだと、生前の江藤淳氏が指摘したと記している。それは印象深い言葉である。もう一つ「支那通」に欠けていたのは、抜群の中国知識、地方勢力の細部に至るまでの知識やそれを活用する情熱と行動力を持ちながら、実は大局が見えていない。中国を長い歴史の中で見ることができなかったし、国際政治の中国以外の重要な諸要因を見ることができなかった。彼らはまことによくできる力強い人々だったが、教養を欠いた戦士たちだった。私には本書がそう告げているように感じられた。それを超えることは、今日のわれわれにとっても容易なことではない、そう著者は謙虚に語りかけているのではなかろうか。

ヤ

ラ

ワ

ナ

ハ

マ

サ

タ

索引

本書は一九九九年十二月、講談社より刊行された。

増補 学校と工場　猪木武徳

経済発展に必要とされる知識と技能は、どこで、どのように修得されたのか。学校、会社、軍隊など、人的資源の形成と配分のシステムを探る日本近代史。

居酒屋の誕生　飯野亮一

寛延年間の江戸に誕生しすぐに大発展を遂げた居酒屋。しかしなぜ他の都市ではなく江戸だったのか。一次資料を丹念にひもとき、その誕生の謎にせまる。

すし 天ぷら 蕎麦 うなぎ　飯野亮一

二八蕎麦の二八とは？　握りずしの元祖は？　なぜうなぎに山椒？　膨大な一次史料を渉猟しそんな疑問を徹底解明。これを読まずに食文化は語れない！

天丼 かつ丼 牛丼 うな丼 親子丼　飯野亮一

身分制の廃止で作ることが可能になった親子丼、関東大震災が広めた牛丼等々、どんぶり物二百年の歴史をさかのぼり、驚きの誕生ドラマをひもとく！

増補 アジア主義を問いなおす　井上寿一

侵略を正当化するレトリックか、それとも真の共存共栄をめざした理想か。アジア主義を外交史的観点から再考し、その今日的意義を問う。増補決定版。

十五年戦争小史　江口圭一

満州事変、日中戦争、アジア太平洋戦争を一連の「十五年戦争」と捉え、戦争拡大に向かう曲折にみちた過程を克明に描いた画期的通史。（加藤陽子）

たべもの起源事典 日本編　岡田哲

駅蕎麦・豚カツにやや珍しい郷土料理、レトルト食品・デパート食堂まで。広義の〈和〉のたべものと食文化事象一三〇〇項目収録。小腹のすく事典！

ラーメンの誕生　岡田哲

中国のめんは、いかにして「中華風の和食めん料理」へと発達を遂げたか。外来文化を吸収する日本人の情熱と知恵。丼の中の壮大なドラマに迫る。

山岡鉄舟先生正伝　小倉鉄樹／石津寛／牛山栄治

鉄舟から直接聞いたこと、同時代人として見聞きしたことを弟子がまとめた正伝。江戸無血開城の舞台裏など、リアルな幕末史が描かれる。（岩下哲典）

増補 絵画史料で歴史を読む　黒田日出男

歴史学は文献研究だけではない。絵巻・曼荼羅・肖像画など過去の絵画を史料として読み解き、斬新な手法で日本史を掘り下げた一冊。（三浦篤）

滞日十年（上）　ジョセフ・C・グルー　石川欣一訳

日米開戦にいたるまでの激動の十年、どのような外交交渉が行われたのか。駐日アメリカ大使による貴重な記録。上巻は１９３２年から１９３９年まで。

滞日十年（下）　ジョセフ・C・グルー　石川欣一訳

知日派の駐日大使グルーは日米開戦の回避に奔走。下巻は、ついに日米が戦端を開き、１９４２年、戦時交換船で帰国するまでの迫真の記録。（保阪正康）

荘園の人々　工藤敬一

人々のドラマを通して荘園の実態を解き明かした画期的な入門書。日本の社会構造の根幹を形作った制度を、すっきり理解する。（高橋典幸）

東京裁判 幻の弁護側資料　小堀桂一郎編

我々は東京裁判の真実を知っているのか？　準備されたものの未提出に終わった膨大な裁判資料から18篇を精選。緻密な解説とともに裁判の虚構に迫る。

一揆の原理　呉座勇一

虐げられた民衆たちの決死の抵抗として語られてきた一揆。だがそれは戦後歴史学が生んだ幻想にすぎない。これまでの通俗的理解を覆す痛快な一揆論！

甲陽軍鑑　佐藤正英校訂・訳

武田信玄と甲州武士団の思想と行動の集大成。大部から、山本勘助の物語や川中島の合戦など、その白眉を収録。新校訂の原文に現代語訳を付す。

機関銃下の首相官邸　迫水久常

二・二六事件では叛乱軍を欺いて岡田首相を救出し、終戦時には鈴木首相を支えた著者が明かす、天皇・軍部・内閣をめぐる迫真の秘話記録。（井上寿一）

増補 八月十五日の神話　佐藤卓己

ポツダム宣言を受諾した「八月十四日」や降伏文書に調印した「九月二日」でなく、「終戦」はなぜ「八月十五日」なのか。「戦後」の起点の謎を解く。

横井小楠　松浦玲

欧米近代の外圧に対して、儒学的理想である仁政を基に、内外の政治的状況を考察し、政策を立案し遂行しようとした幕末最大の思想家を描いた名著。

古代の鉄と神々　真弓常忠

弥生時代の稲作にはすでに鉄が使われていた！　原型を遺さないその鉄文化の痕跡を神話・祭祀に求め、古代史の謎を解き明かす。（上垣外憲一）

増補　海洋国家日本の戦後史　宮城大蔵

戦後アジアの巨大な変貌の背後には、開発と経済成長という日本の「非政治」的な戦略があった。海域アジアの戦後史に果たした日本の軌跡をたどる。

日本の外交　添谷芳秀

憲法九条と日米安保条約に根差した戦後外交。それがもたらした国家像の決定的な分裂をどう乗り越えるか。戦後史を読みなおし、その実像と展望を示す。

世界史のなかの戦国日本　村井章介

世界史の文脈の中で日本列島を眺めてみるとそこには意外な発見が！　戦国時代の日本はそうとうにグローバルだった！（橋本雄）

増補　中世日本の内と外　村井章介

国家間の争いなんておかまいなし。中世の東アジア人は海を自由に行き交い生計を立てていた。私たちの「内と外」の認識を歴史からたどる。（榎本渉）

武家文化と同朋衆　村井康彦

足利将軍家に仕え、茶や花、香、室礼等を担ったクリエイター集団「同朋衆」。日本らしさの源流を生んだ彼らの実像をはじめて明らかにする。（橋本雄）

古代史おさらい帖　森浩一

考古学・古代史の重鎮が、「土地」「年代」「人」の基本概念を徹底的に再検証。「古代史」をめぐる諸問題の見取り図がわかる名著。

大元帥　昭和天皇　山田朗

昭和天皇は、豊富な軍事知識と非凡な戦略・戦術眼の持ち主でもあった。軍事を統帥する大元帥としての積極的な戦争指導の実像を描く。（茶谷誠一）

明治富豪史　横山源之助

維新そっちのけで海外投資に励み、贋札を発行してまで資本の蓄積に邁進する新興企業家・財閥創業者たちの姿を明らかにした明治裏面史。（色川大吉）

つくられた卑弥呼　義江明子

邪馬台国の卑弥呼は「神秘的な巫女」だった？　明治以降に創られたイメージを覆し、古代の女性支配者たちを政治的実権を持つ王として位置づけなおす。

北一輝　渡辺京二

明治天皇制国家を批判し、のち二・二六事件に連座して刑死した日本最大の政治思想家北一輝の生涯。第33回毎日出版文化賞受賞の名著。（臼井隆一郎）

中世を旅する人びと　阿部謹也

西洋中世の庶民の社会史。旅籠が客に課す厳格なルールや、遍歴職人必須の身分証明のための暗号など、興味深い史実を紹介。（平野啓一郎）

中世の星の下で　阿部謹也

中世ヨーロッパの庶民の暮らしを具体的、克明に描き、その歓びと涙、人と人との絆、深層意識を解き明かした中世史研究の傑作。（網野善彦）

中世の窓から　阿部謹也

中世ヨーロッパに生じた産業革命にも比する大転換——。名もなき人びとの暮らしを丹念に辿り、その全体像を描き出す。大佛次郎賞受賞。（樺山紘一）

1492 西欧文明の世界支配　ジャック・アタリ　斎藤広信訳

1492年コロンブスが新大陸を発見したことで、アメリカをはじめ中国・イスラム等の独自文明は抹殺された。現代世界の来歴を解き明かす一冊。

憲法で読むアメリカ史（全）　阿川尚之

建国から南北戦争、大恐慌と二度の大戦をへて現代まで。アメリカの歴史は常に憲法を通じ形づくられてきた。この国の底力の源泉へと迫る壮大な通史！

専制国家史論　足立啓二

封建的な共同団体性を欠いた専制国家・中国。歴史的にこの国はいかなる展開を遂げてきたのか。中国の特質と世界の行方を縦横に考察した比類なき論考。

暗殺者教国　岩村忍
政治外交手段として暗殺をくり返したニザリ・イスマイリ教国。広大な領土を支配したこの国の奇怪な活動を支えた教義とは？　（鈴木規夫）

増補 魔女と聖女　池上俊一
魔女狩りの嵐が吹き荒れた中近世、美徳と超自然的力により崇められる聖女も急増する。女性嫌悪と礼賛の熱狂へ人々を駆りたてたものの正体に迫る。

ムッソリーニ　ロマノ・ヴルピッタ
統一国家となって以来、イタリア人が経験した激動の歴史。その象徴ともいうべき指導者の実像とは。既成のイメージを刷新する画期的ムッソリーニ伝。

資本主義と奴隷制　エリック・ウィリアムズ　中山毅訳
産業革命は勤勉と禁欲と合理主義の精神などではなく、黒人奴隷の血と汗がもたらしたことを告発した歴史的名著。待望の文庫化。　（川北稔）

増補 中国「反日」の源流　岡本隆司
「愛国」が「反日」と結びつく中国。この心情は何に由来するのか。近代史の大家が20世紀の日中関係を解き、中国の論理を描き切る。　（五百旗頭薫）

世界システム論講義　川北稔
近代の世界史を有機的な展開過程として捉える見方、それが〈世界システム論〉にほかならない。第一人者が豊富なトピックとともにこの理論を解説する。

インド文化入門　辛島昇
異なる宗教・言語・文化が多様なまま統一された稀有な国インド。なぜ多様性は排除されなかったのか。共存の思想をインドの歴史に学ぶ。（竹中千春）

中国の歴史　岸本美緒
中国とは何か。独特の道筋をたどった中国社会の変遷を、東アジアとの関係に留意して解説。初期王朝から現代に至る通史を簡明かつダイナミックに描く。

大都会の誕生　喜安朗　川北稔
都市型の生活様式は、歴史的にどのように形成されてきたのか。この魅力的な問いに、碩学がふたつの都市の豊富な事例をふまえて重層的に描写する。

ちくま学芸文庫

日本陸軍《にほんりくぐん》と中国《ちゅうごく》「支那通《しなつう》」にみる夢《ゆめ》と蹉跌《さてつ》

二〇一六年八月十日　第一刷発行
二〇二二年六月二十日　第二刷発行

著　者　戸部良一（とべ・りょういち）

発行者　喜入冬子

発行所　株式会社　筑摩書房
東京都台東区蔵前二―五―三　〒一一一―八七五五
電話番号　〇三―五六八七―二六〇一（代表）

装幀者　安野光雅

印刷所　明和印刷株式会社

製本所　株式会社積信堂

ISBN978-4-480-09740-8 C0131